失敗の
活かし方
100の法則

How to take advantage of failure.

失敗を成功の種に変え、
みんなの財産にする実践法

桑原晃弥
Teruya Kuwabara

日本能率協会マネジメントセンター

はじめに

　私がそれまでマイナスのイメージしか持っていなかった失敗に対して前向きに考えられるようになったのは、今から20年くらい前に元トヨタ社員の人から失敗の持つ効用を教えられてからです。トヨタにおいて失敗や問題は「改善のチャンス」であると教えられて以来、失敗についての見方が大きく変わったことを記憶しております。

　その後、スティーブ・ジョブズを初めとするアメリカの起業家たちについて詳しく知るにつれ、彼らが失敗に対して驚くほど前向きであり、イノベーションには失敗がつきものであると考えていることを知り、企業であれ個人であれ成長や成功には「失敗から学び、失敗を活かす」ことが不可欠であると確信するようになりました。

　とはいえ、失敗を覚悟したり、失敗をみんなに見えるようにするのはとても難しいのも事実です。そんな失敗に対してつい臆病になりがちな人たちに、ぜひ知っていただきたいのが「失敗の効用」であり、「失敗の活かし方」です。

　人は誰しも失敗をしますし、何度も失敗をするものですが、一方でその失敗から学び、失敗を上手に活かすことができれば、仕事の質は確実に向上し、新しいものを生み出すことも可能になるのです。本書が失敗に対する見方や考え方を変える一助となればこれに優る幸せはありません。

桑原　晃弥

第2章	失敗は「見える化」して、同じ失敗を繰り返さないための「改善」を

第3章 失敗を活かす仕事術

第4章 失敗を恐れず「まず、やってみる」を習慣にしよう

第5章 失敗を「みんなの財産」にしよう

第1章

失敗を「活かしきる」 からこそ成功できる

「失敗」を正しく定義する

　多くの人にとって「失敗」は、できれば避けて通りたいものの一つですが、「失敗は成功の母」や「失敗は成功のもと」という格言が表しているように、失敗は私たちを成功へと導いてくれるものでもあるところに「失敗」の不思議さ、面白さがあります。

　「失敗学」の権威・畑村洋太郎さんによると、失敗を正しく理解するためには、「失敗とは何か」を正しく定義することが重要になります。

　国語辞書における失敗の意味は「やりそこなうこと」「しくじること」といった言葉が並び、用例としても「彼を起用したのは失敗だった」「入学試験に失敗する」などマイナスイメージのものがほとんどですが、「失敗学」における「失敗」の意味は、次のようになります。

　「人間が関わって行う一つの行為が、初めに定めた目的を達成できないこと」

　「人間が関わって一つの行為を行った時、望ましくない、予期せぬ結果が生じること」

　畑村さんによると、「人間が関わっている」と「望ましくない結果」の二つがキーワードとなります。

　特に「人間が関わっている」がポイントで、人間のやることに「完璧」はなく、人間が動くところには必ず失敗が起こる、というのが「失敗学」の根本的な考え方になります。

　失敗には大から小までさまざまなものがあります。たとえば生産現場では作業の遅れや、部品を付け忘れる、機械の操作ミスといった失敗が日常的に起こります。ビジネスの現場では商談に遅刻する、肝心の資料を忘れる、あるいはプレゼンテーションの準備不足から大切な商談をダメにするかもしれません。

　さらに野球の試合で肝心なところでエラーをして敗北するといった失敗もあれば、工事現場での事故のように人命に関わるものもあります。あるいは、銀行のシステムエラーのように人間がつくったシステムそのものに問題があるケースや、その後の対応のまずさによって多くの人に迷惑をかける失敗もあります。

　人間の力ではどうしようもない地震等の自然災害も、日ごろの避難訓練など事前の備えの有無によって被害の程度が変わることもあるだけに、これらも失敗の一つとなります。このように人間はたくさんの失敗をするものの、同時に失敗は人間の関わり方いかんでその結果が変わってくるというのも事実です。

　だからこそ人は失敗から学び、同じような失敗を繰り返すことなく、成長し、かつ新たなものをつくり出していくことが必要だというのが「失敗」に対する正しい考え方と言えます。人間はたくさんの失敗をしますが、その一方で失敗から学ぶことで失敗を防ぐこともできるし、失敗を活かすこともできるのです。

基本的行動
　人間は失敗をするが、失敗を活かすこともできる。

「失敗＝悪」は
何をもたらすのか

　001で書いたように人間は決して完ぺきではなく、さまざまな失敗もしますが、失敗から学ぶことができれば、失敗を未然に防いだり、被害を最小限に抑えたりすることもできます。時に大きな成功ももたらします。

　つまり、失敗は「失敗をしない」こと以上に「失敗を活かす」ことが大切なのですが、こうした前向きな取り組みを妨げるのが「失敗＝悪」という考え方です。

　新しい挑戦には失敗がつきものです。だからこそ企業のトップは「失敗を恐れずに挑戦しよう」と声高に主張しますが、それで失敗を恐れることなく果敢に新しいことに挑戦する社員が増えるかというとそうはなりません。

　理由は簡単です。

　トップの言葉を真に受けて挑戦したものの結果的に失敗した場合、上司からは厳しく叱責され、周りの人たちから「余計なことをするからだよ」などと非難され、挑戦者は責任を感じ、大きな挫折を経験することになるからです。

　このように「失敗には良いことが何もない」としたら、ほとんどの人はこう考えるようになってしまいます。

　「失敗して怒られるぐらいなら余計なことをしないで無難に
やっておこう」

　「失敗したことがばれたらひどい目にあうから、ばれないよう
に隠してしまおう」

　言わば、多くの人にとって失敗は「避けなければならないも
の」であり、「隠さなければならないもの」となります。このよう
な「失敗＝悪」という発想でいる限り、起きてしまった失敗か
らは目をそらすようになるし、ましてや失敗から真摯に学ぶこと
などできるはずもありません。

　これでは本来なら防ぐことができたはずの同じような失敗を何
度も繰り返すことになり、いずれはより大きな失敗を引き起こし
て事態はさらに悪化することになります。当然、新しいことや困
難なことへの挑戦も避けるようになり、職場のチームも自分自身
も慣れたやり方を繰り返すことしかできず、成長も減速すること
になるのです。

　そうならないためには「失敗＝悪」という考え方から脱却し、
失敗は「同じような失敗を防いでくれて、大きな失敗の芽を摘ん
でくれるもの」であり、「自分やチーム、会社を成長させてくれ
るもの」と前向きに考えていくことが何より大切なのです。

　失敗から目をそらし、失敗をそのまま放置したら、文字通り
「失敗」に終わってしまいますが、失敗を活かして、そこから真
摯に学ぼうという姿勢さえあれば、大きな「成功の種」に変える
ことができるのです。

　▌基本的行動
　失敗は「悪」ではなく、「成功の種」と考えよう。

失敗には「良い失敗」と「悪い失敗」がある

　失敗から学ぶにあたって頭に入れておきたいのが、失敗には「良い失敗」と「悪い失敗」があるということです。

　ホンダの創業者・本田宗一郎さんは自らの人生を振り返って「99％は失敗の連続であった。そしてその実を結んだ1％の成功が現在の私である」と言うほど、成功の裏には山ほどの失敗があることをよく理解していました。

　だからこそ、ホンダには失敗の表彰制度さえあったわけですが、では、どんな失敗でも許されるかというと、そうではありません。本田さんはこう言っています。

　「許される失敗というものは、進歩向上を目指すモーションが生んだものだけに限る」

　本田さんによると、明らかな準備不足や油断から生じる失敗は、言わば「猿も木から落ちる」で、プロとしては許されません。木登りを得意とする猿は絶対に木から落ちてはいけないのです。許される失敗というのは、たとえば猿がこれまでにない新しい木登り技術を試みて、その結果として落ちた場合だけというのが本田さんの考え方です。

　同じことが「良い失敗＝許される失敗」と「悪い失敗＝許され

ない失敗」にも言えます。

　失敗から何も学ぶことができず、単なる不注意や油断、誤判断などから繰り返される失敗は、明らかに「悪い失敗」となります。たとえば、何度注意されても遅刻を繰り返すとか、本来はネジを四回回すことが決められている作業であるにも関わらず、「このくらいはいいだろう」と三回しか回さず何度も不良を招くといった失敗は決して許されるものではありません。

　このような失敗は、周りに与える影響がそれほど大きくなかったとしても、本人にとっても何の学びもない、評価を下げるだけのものです。こうした失敗を続けているようでは成長もできず、失敗を「仕方ないか」と笑って済ませる悪い癖をつけることになるだけに注意が肝要です。

　一方、許される、良い失敗というのは、本田さんが言うように「進歩向上を目指すモーションが生んだもの」となります。必ずしも大きなものである必要はありません。個人にとっても初めての仕事、初めての経験には失敗がつきものですが、その際に失敗から謙虚に学び、「二度と同じ失敗をしないためにはどうすればいいか」を謙虚に反省し、学びに変えることができたなら、これも立派な「良い失敗」となります。

　「失敗」と一口に言っても、その種類や特徴はさまざまです。大切なのは小さな失敗からもしっかりと学び、次へと活かしていくことです。それをせず失敗を繰り返すことや、大きな失敗を引き起こすことは決して許されないことなのです。

基本的行動
　「悪い失敗」をなくし、「良い失敗」をしよう

失敗原因を10に分類する（1〜5）

　失敗を活かすためには、「なぜ失敗したのか」という原因を分析する必要があります。畑村さんによると、失敗の原因は10に分類することができます。

1．無知
　失敗を防ぐ方法や解決法が既に知られているにも関わらず、本人の不勉強によって起こす失敗を指します。言わば、知識の欠落により、本来できたはずの対策を実施できなかったことによる失敗ですが、無知を恐れるあまり、行動が疎かになるのも困りものです。知識は必要ですが、知識の多さゆえに行動をためらわないようにしましょう。

2．不注意
　十分注意をしていれば問題がないにも関わらず、これを怠ったがために引き起こす失敗です。居眠り運転や、集中力の欠如による作業ミスなどがこれにあたります。人間というのはいつも万全でいることはできません。疲れから失敗をするというのはよくあるだけに、自分の注意力が散漫になる原因（寝不足やゲームのやりすぎなど）を知り、それを排除する努力も必要です。

3．手順の不順守

本来守るべき標準作業やマニュアル、約束事や規則などを守らなかったために起こる失敗です。企業には失敗を防ぐための標準作業などがあり、誰がやっても失敗なく作業ができるようにしてありますが、「面倒くさいから」「効率が悪いから」といった勝手な理由で手順を飛ばしたり、規則通りの作業をしないことがあります。薬の製造などでこうした不順守をすると、時に人命に関わる大きな失敗につながることがあります。標準作業やマニュアル、規則はたとえ矛盾を感じたとしても、勝手に変えるのではなく、ルールに従って変えることがとても大切になります。

4．誤判断

状況を正しく捉えなかったり、状況は正しく捉えたものの判断の間違いを犯したことから起きる失敗を指します。判断における基準や手順、検討項目などに誤りがあり、結果として誤判断となるものもあります。

5．調査・検討の不足

判断に用いる情報の量や質、判断そのものの深さが不十分なことにより引き起こされる失敗を指します。基本的に100%の完璧な準備をすることは不可能です。どんな挑戦でも必ず予期しない事態が起こったり、未知の領域が存在するものですが、だからといって事前の調査や検討といった準備を疎かにして良いという理由にはなりません。できる準備はすべてやってこそ、予期せぬ出来事にも落ち着いて対処することができるのです。

基本的行動
失敗を引き起こす「原因」をしっかりと理解しよう。

失敗原因を10に分類する（6〜10）

6．制約条件の変化

　前提としている事柄が想定外の変化をすることにより起こる失敗を指します。何かをつくり出したり、何かを企画する時、そこにはある種の制約条件を想定しますが、いざ動き始めてから制約条件が大きく変化したことで起きる失敗のことです。

　たとえば、為替の変動や、相手国の政情不安などは十分にあり得ることですし、ライバルが予期せぬ動きをすることもあれば、法規制が変更されるといったことも十分に起こり得ることです。こうした外的な環境変化は自分たちではどうすることもできませんが、これらの事態が起きてもあわてないように事業の責任者は変化を想定した計画を立てる必要があります。日ごろの情報収集も大切になります。

7．企画不良

　企画や計画に問題があることから生じる失敗を指します。いくら自分たちが「この商品は最高だ」「このサービスは間違いなくお客さまに歓迎される」と思っても、そこにお客さまとのズレがあれば、どんなに宣伝をしようが、どんなに営業の人たちが頑張ろうがうまくいくはずがありません。「どんなに宣伝をしても駄

作をヒットさせることはできない」はアップルの創業者スティーブ・ジョブズの言葉ですが、企画そのものに問題があればいくら実行者が頑張っても成功は望めません。

8．価値観不良

　自分ないし自分の組織の価値観が、周りと食い違っている時に起こる失敗です。企業の常識がしばしば世間の非常識となることがあるように、企業や組織が当たり前のことと信じてやっていることが世の中から大きな反発を受けるというのもよくあることです。古い価値観に縛られている人の何気ない発言が実はとんでもない時代遅れとして非難されることも最近は増えています。

9．組織運営不良

　組織自体が、ものごとをきちんと進めるだけの能力を有していないことによる失敗を指します。これらは社長など組織のトップが引き起こすケースがほとんどです。

10．未知

　既知の対策が通用しない未知の領域に由来する失敗を指します。新型コロナウィルスのような未知のウィルスとの闘いにおいては、もちろん過去の感染症との闘いで得た知見も利用できるものの、当然、未知の領域もあるだけに、対策を打ったとしてもうまくいかないこともあります。こうした未知を原因とした失敗に遭遇した時こそ、その原因を徹底して考え、新たな対策を導き出すことが求められます。これほど大きな相手でなくとも、未知への挑戦にはいつも失敗と検証、試行錯誤が不可欠なのです。

基本的行動
　未知への失敗は避けるのではなく、大切にしよう。

失敗原因は
「単純化」されやすい

　004〜005で10の失敗原因をご紹介しましたが、ここで注意すべきなのは失敗原因には階層性があり、失敗原因は変わりたがるということです。

　企業などで大きな失敗が起きた時、企業の幹部がしばしばこのような原因を指摘して謝罪することがあります。

　「今回の問題は一部の社員が引き起こしたことで、組織ぐるみではありません」

　「担当者の不注意でこのような問題を引き起こしてしまい申し訳ありません」

　たしかにほとんどの失敗は、個人のミスや怠慢、ルール無視などをきっかけにして起きるものですが、かといって大きな失敗の原因を一握りの「腐ったリンゴ」のせいにして、企業には何の問題もないと主張することには大きな疑問を感じます。

　畑村さんによると、1986年に起こったチェルノブイリの原発事故に関して、当時のソビエト政府は事故原因を単なる運転員の規則違反と発表、原子炉そのものの構造的欠陥はひた隠しにされたと言います。

　その方がソビエト政府だけでなく、西側諸国にとっても都合が

良かったからです。原因が運転員の単なる規則ミスなら、原子力発電所そのものの問題や責任が問われることはありません。

　同様に企業の工場で事故が発生した時、その直接の原因は、事故を起こした作業員の機械の操作ミスや間違った判断という「個人の責任」かもしれませんが、その背後には長時間残業などの過酷な労働環境や、職場全体の日常的なルール無視、安全対策の欠如といったいくつもの原因が存在しているというのはよくあることです。

　ところが、こうした階層的な原因には決して切り込もうとせず、「作業員のミス」「機械の操作ミス」といった単純で分かりやすい原因を指摘して、そこで問題を収めようとする傾向がよく見られます。作業員に問題があったが、企業自体には問題はない、というものです。これが「失敗原因は変わりたがる」という困った性質の一つです。

　このような組織では、非難が日常茶飯事です。

　企業でも行政機関でも、どこでも常にミスや失敗は起こります。なかには悪意のない偶発的な失敗もあるわけですが、これらをすぐに非難して、失敗した人に責任を被せるようなことをしていたとしたら、誰も進んで自分の失敗を報告することなどしなくなりますし、失敗を糧としてより良い仕組みをつくることなどできるはずもありません。

　失敗原因を単純化することは問題を収めるうえでは役に立っても、失敗を活かすうえでは実に困ったやり方なのです。

基本的行動
　失敗原因には階層性がある、安易に単純化するな。

失敗情報には「伝わりにくく」「隠れたがる」性質がある

　失敗にはいくつもの原因があり、たくさんの失敗が起こるわけですが、失敗から目を背けることなく真摯に学ぶという姿勢を持つことができれば、私たちは失敗からたくさんのことを学ぶことができるし、失敗を未然に防ぐことができるようになります。

　ところが、こうした「学び」を妨げる厄介な性質が失敗にはあります。失敗情報は隠れやすく、伝わりにくいという性質を持っています。

１．失敗は隠したくなる

　人は誰でも、自分の失敗を認めたくないものです。テストの点数が悪いと、親に叱られたくないからとテストを隠す子どもがいるように、大人も自分の失敗が、ほんの些細なものであっても、隠そうとします。

　ましてや仕事における失敗や、自分の人生に関わる失敗ともなると、失敗を認めて、それを正直に打ち明けるのはとても難しくなります。特に地位の高い人や、これまで多くの成功を手にしてきた人ならなおさらです。

　私たちは他人の失敗には鬼の首でも取ったように責め立てるく

せに、自分の失敗となると「このくらいはいいんじゃないか」というようにして隠すようになるのです。

　ここに失敗の厄介さがあります。みんなが笑って済ませるような失敗ならともかく、失敗の種類によってはやがて大きな失敗につながるものもあるだけに、失敗を嘘をついてまで隠すといったことは慎むべきです。失敗から学ぶためには隠すのではなく、見えるようにすることがとても大切なのです。

2．失敗情報は伝わりにくい

　失敗を「隠す」ことと通じることですが、失敗情報というのは「伝わりにくい」という性質があります。隠すつもりはなくとも、失敗情報を上司に報告するのは誰しも嫌なものですが、ましてや自分たちの失敗が自分たちの部署以外に伝わるとなると、「自分たちの評価が下がることになる」「他の部署との仕事がやりにくくなる」といった理由から失敗情報が共有化されることは滅多にありません。これでは失敗から教訓を得ることはできません。

　さらに厄介なのは、失敗情報がたとえば下から上に伝わる時に、オブラートに包まれたり、改竄されることもあるということがあります。ある経営者が「玉ねぎは泥付きのまま持ってこい」と言っていましたが、悪い情報というのは往々にして脚色されがちです。これでは正確な判断などできなくなります。失敗情報は正確に伝わってこそ正しい判断が可能になるのです。

　失敗と真摯に向き合うためには、こうした性質を理解することも必要なのです。

基本的行動
　失敗情報は隠されるし、伝わりにくいものと知ろう。

失敗は「拡大再生産」される

　職場でも日常生活でも小さな失敗は日々繰り返されているにも関わらず、多くの人が失敗から学ぶことができないのは、日本では失敗が悪いものとみなされ、恥ずべきものと考えられているからです。

　そのため失敗をした人や組織は失敗を「このくらいはいいか」と見て見ぬふりをしたり、時に隠してしまうわけですが、こうした行為を続けた場合、何が起きるのでしょうか。

　失敗をすれば、「あいつは能力がない」「あいつは仕事ができない」という烙印を押され、上司や同僚からバカにされるだけでなく、失敗の程度によっては責任を追及され、降格や異動させられる恐れがあります。

　こうしたリスクがある以上、失敗を隠そうとするのはやむを得ないことですが、今の時代、失敗を隠し通すのはとても難しいことです。「みんなで隠そう」と約束したにも関わらず、誰かが内部告発をするかもしれませんし、思いがけないところから情報が洩れることだって考えられます。

　最悪なのは最初の小さな失敗を隠したがために大きな失敗になり、隠すに隠せなくなるケースです。命に関わる大きな被害が出

て調べたところ、生産現場での日常的なルール無視などが表に出て、企業が長年かけて築き上げた信用が一瞬にして崩れ去るというのもよくあることです。

　失敗学の権威・中尾政之さんによると、過去に起きた企業の不祥事では業績が悪化するのはもちろんのこと、「悪事で儲かる金額の1000倍近い損失が、株価の暴落で生じることになった」と言います。こうした数字を見れば分かるように、組織にとって失敗を隠すのは損であり、少なくとも「隠すと10倍返し」というのが中尾さんの分析です。

　金額以上に大きいのが「信用の失墜」です。GEの伝説のCEOジャック・ウェルチがこんなことを言っています。

　「消費者から受けたパンチの痕は、10年経っても顔面から消えることはない」

　企業が信頼を築くには長い年月がかかりますが、信頼を失うには数分間もあれば十分です。企業が失敗の隠ぺいなど消費者を裏切る行為をした場合、ブランド価値はあっという間に地に落ちるだけでなく、信頼を取り戻すには驚くほどの期間が必要になるというのがウェルチの見方でした。

　「失敗を隠す」ことは周りの信頼を裏切る行為です。失敗は信用の失墜につながるかもしれませんが、失敗を隠すという行為は「誠実さ」や「信頼」を根底から裏切ることになるだけに、より大きな傷を残すことになります。そうならないためにも失敗に対する見方を企業も個人も根底から変えることが求められています。

【基本的行動】
　失敗を隠すと、失敗すること以上に信頼失墜を招くことになる。

失敗は「確率現象」である

　失敗には「隠したくなる」し、「伝わりにくい」という性質がありますが、もう一つの厄介な性質が「失敗は放置しておくと成長する」というものです。

　労働災害に関する「ハインリッヒの法則」というものがあります。1件の大きな災害の裏には、29件の小さな災害があり、300件のヒヤリとしたり、ハッとした「ヒヤリハット」があるという考え方です。

　整理整頓の行き届かない生産現場などではコードなどにつまずいて転びそうになったり、ものが落ちてきて当たりそうになったという、幸いケガはしなかったものの、一歩間違えると危なかったというヒヤリハットがたくさん起こります。

　そんな時、「今回は幸いケガをしないで済んだが、このままでは危ないから」と決意して職場の整理整頓を徹底するといった根本的な対策をとるのが正しいやり方です。

　ところが「大事になったわけではないし、あまり大騒ぎすることもないだろう」と何の対策もとることなく、放置したままだと、いずれは誰かがケガをしたり、大きな事故につながることになります。

　失敗にもこれと同じ「失敗のハインリッヒの法則」とでも言うべきものが存在します。

　企業における事故やトラブルはある日突然、降ってわいたように起きるわけではありません。大きな失敗の裏にはいくつもの小さな失敗があり、社員が「これはまずいんじゃないの」「こんなことやっていいのかな」と感じるような潜在的な失敗がたくさんあります。にも関わらず、こうした潜在的な失敗を何の対策もとらずに放置しておくと、失敗は徐々に成長し、やがては大きな失敗を引き起こすことになるのです。

　つまり、大きな失敗を防ぐためには、失敗の予兆をとらえ、失敗とは言えないものの「危なかった」「まずかった」といった体験の一つひとつに対策を講じることが必要なわけですが、現実には小さな失敗でさえ人命に関わらなければ、簡単な状況報告に、「以後、気をつけます」という一文をつけた報告書を提出して終わりにしている企業も多いのではないでしょうか。

　失敗とも言えないような「まずかった」は気をつければいいし、小さな失敗は「大きな失敗でなくて良かったね」と一安心して、そこで終わりにしています。

　たしかに失敗の予兆一つひとつに対策を打つのは時間もかかるし手間もかかります。そんなことに時間をかけるよりも仕事を少しでも前に進めた方がいいというのが多くの人の考え方ですが、大きな失敗を引き起こさないためにも失敗の予兆に気を配り、コツコツと対策を積み重ねていくことが大切なのです。

基本的行動
　小さな失敗や失敗の予兆一つひとつに気を配り対策を怠るな。

失敗の「プラス面」に
目を向ける

　ここまで失敗情報の持つ厄介な性質や、失敗を隠すことがもたらす損失について触れてきました。併せて失敗から学ぶことで失敗を活かすことができるとも述べてきましたが、そこまでやる価値が果たして失敗にはあるのでしょうか?

　どのような価値があるのかを見ていきましょう。

１. 失敗は大きな失敗を未然に防いでくれる

　先ほども触れたように大きな失敗は突然起こるわけではなく、それに先立つ小さな失敗や予兆となる現象が必ずあるものです。その際、失敗とは言えないほどの「まずかった」「危なかった」にもしっかりとアンテナを張り、二度と同じようなことが起きないだけの対策をとることができれば、大きな失敗はもちろん、小さな失敗も回避することができます。

　大きな失敗がもたらす損失を考えれば、小さな失敗の段階で対策をすることは多少手間がかかったとしても、とても効率の良いやり方と言うことができます。

２. 失敗は日々の仕事を進化させてくれる

　生産現場では日々、小さな作業ミスや不良の発生、機械の操作

ミス、納品された部品の間違いといった失敗が多発します。これらを放っておけばいつまでも同じ失敗を繰り返すことになりますが、こうした失敗の一つひとつを改善していけば不良は減り、品質も向上し、結果的に原価も下がることになります。

　つまり、小さな失敗の原因を探り小さな改善を積み重ねることで仕事の質は確実に高めることができるのです。同様に企画でも営業でも事務作業でも、日々経験する小さな失敗や失敗とは言えないほどのミスから目をそらすことなく、「どうすれば失敗やミスがなくなるのか」を考え対策をすることができれば、失敗やミスは減り、時間も短縮できるなど仕事の質を確実に上げていくことができるのです。

3．新しい創造には失敗が欠かせない

　畑村さんによると、新しいことに挑戦する時には、「せんみつ」と言われるように、千のものを手がけても、成果が上がるのはせいぜい三つくらいとなります。

　たとえ知恵と経験を有する企業であっても、せいぜい百のうち二つか三つと言われるほど新しいものを生み出すにはたくさんの失敗が欠かせません。

　にも関わらず、若い社員が新しいことに挑戦して、失敗した時、「だから余計なことをするなと言ったんだ」などと失敗を責め立てたとしたら、失敗を恐れて誰も挑戦などしなくなってしまいます。新しい創造には失敗が欠かせないと失敗を前向きに捉えることで、初めて挑戦も創造も可能になるのです。

基本的行動
　失敗にはたくさんの「価値」があると知ろう。

トヨタの失敗の考え方

　日本企業としては珍しく失敗を前向きに捉えているのが世界一の自動車メーカーのトヨタ自動車（以下「トヨタ」）です。

　トヨタは、技術に関しては安易に外注せず、「なかでやる」ことへの強いこだわりを持っています。理由は他人が開発したものを外から持ってくるのは楽ですが、そこには「失敗のノウハウ」が欠けているため、本当の意味で自分たちの技術とは言えないからです。失敗することなく、成功例だけを手にしても、本物の力にはならないというのがトヨタの考え方です。

　トヨタのある技術者が、自らの経験をもとにこんな話をしています。

　「何が一番の勉強かというと、失敗することですね。失敗は、必ず次につながる。ああでもない、こうでもないと試行錯誤していくことが、結局、仕事を覚える近道だと思います」

　大切なのは「成功する」ことだけではなく、「失敗する」ことです。もちろん一度の挑戦で成功すれば素晴らしいことですが、現実にはそんなことはほとんどありませんし、たいていの人はいくつもの失敗を経て、初めて一人前に育っていくのです。

　もちろん中には失敗を恐れるあまり、挑戦を怖がる人もいます

が、そんな時にはトヨタの上司はこう言って部下の背中を押しています。

「失敗を積み重ねて現在があるんだ。失敗してこそ、次の方向性が決まるんだ」

トヨタの上司は部下に仕事の指示をする時、あらかじめ答えを教えることはありません。部下に考えさせ、部下の考えを聞いて「それはトヨタ式の基本からちょっとズレているね」などとアドバイスをしながら、あくまでも自分で答えを考えるように指導します。その過程では当然失敗もありますが、そうした失敗をしながら仕事を覚えていくのがトヨタのやり方です。

生産現場などでも失敗は「みんなに見えるようにする」のがトヨタ式の原則です。生産現場で失敗やミスなど問題が起きれば、失敗をした人が自ら生産ラインを止めて「失敗した」ことを「みんなに見える」ようにします。

そのうえで失敗の原因を調べて改善を行ないます。そうすることで一度の失敗は二度、三度と繰り返されることはなくなり、その分だけ品質も工程もより良いものとなっていくのです。「品質は工程でつくり込む」という考え方です。

このようにトヨタにとって失敗は「悪いもの」や「隠すもの」ではなく、「みんなに見えるようにするもの」であり、失敗こそがより良いものをつくり、人を育てるものとなるのです。

こうした失敗に対する前向きな取り組みこそがトヨタを世界ナンバーワンへと成長させることになったのです。

基本的行動
失敗は人づくりでもものづくりでも欠かせないものと捉えよう。

アマゾンの考える
良い失敗とは？

　イノベーターの特徴の一つに「実験が好き」というものがあります。新しいアイデアが浮かんだら、あれこれ考える前にまず実験をして検証をします。畑村さんの「せんみつ」ではありませんが、当然、たくさんの失敗があるとしても、そんなことを気にすることなく繰り返し実験をすることこそがイノベーションへ近づく道だというのがイノベーターの考え方です。

　アマゾンの創業者ジェフ・ベゾスは自身が無類の実験好きなだけでなく、社員にもたくさんの実験をするように推奨しています。こう言っています。

　「社員には、あえて袋小路に入り込んで、実験しろとはっぱをかけている。実験にかかるコストを減らして、できるだけたくさん実験できるようにしている。実験の回数を100回から1000回に増やせば、イノベーションの数も劇的に増える」

　アマゾンはサービス開始からわずか2年で株式公開するなど華々しい成功を続けたように見えますが、実際にはアマゾンオークションでイーベイに大敗を喫し、スマートフォンのファイアフォンで年間1億7800万ドルもの償却を余儀なくされるなど大きな失敗も繰り返しています。

　すべては「アイデアがあったらやってみよう」という挑戦がもたらしたものですが、ベゾスはこうしたたくさんの失敗も「結局はたいしたことではないのです」と言い切っています。理由をこう話しています。

　「実験はその性質からしても失敗しやすいものですが、それでもやるべきだと思います。何十回も失敗するかもしれませんが、一つ大きな成功をすれば十分取り返せるのですから」

　さらに実験や失敗を許容しようとしない会社に対してはこう断じています。

　「継続して実験を行わない会社や、失敗を許容しない会社は、最終的には絶望的な状況に追い込まれます。会社の命運が尽きて、もはや神頼みしかできない状態に陥ってしまうのです」

　アマゾンは成功の一方でたくさんの失敗もしていますが、ファイアフォンの失敗からたくさんのことを学んだ結果として、アマゾンエコーのハードウェアとアレクサを生み出して莫大な利益を生み出すことにも成功しています。

　言わば、アマゾンにとっての失敗は無能の表れでもなく、手抜きの結果でもなく、新たな挑戦の結果として歓迎すべきものであり、その先にある大きな成功を手にするために欠かすことのできないものとなっているのです。

　アマゾンにあって、今の日本企業にないのは長期でものを見る考え方と、実験や失敗を許容する考え方ではないでしょうか。イノベーションにはいつだって失敗がつきものなのです。

　基本的行動
　イノベーションのためにも実験を推奨し、失敗を許容しよう。

「失敗するなら早く 失敗しよう」がユニクロ流

　柳井正さんが「ユニクロ」の1号店を、広島に出店したのは1984年6月のことです。それまでは父親が創業した小郡商事の専務として経営にあたっていましたが、父親が倒れたため同年9月から、社長としてユニクロの全国展開に邁進しています。

　その後、店舗を徐々に増やしたものの、仕入れの関係から思うように利益が上がらないため、商品を自分たちでつくれないかと考えるようになった柳井さんは、中国での生産を決断。ユニクロ社員が生産管理を行うことで軌道に乗せることに成功し、のちの「フリースブーム」へとつなげています。

　柳井さんによると、同社のブランドが確立したのは、1998年11月の原宿出店と、同時期のフリースブームだと言います。逆にそこに至るまでは、成功よりも失敗が多かった。

　たとえば、スポーツカジュアルを売る「スポクロ」や、ファミリーカジュアルの「ファミクロ」など計36店舗を出したものの、ユニクロ商品との違いが出せず撤退しています。オーガニック野菜を販売する「エアフール・フーズ」も話題にはなったものの、すぐに撤退しています。

　こうしたたくさんの失敗も、柳井さんはそれほど気には留めて

いません。

　なぜなら、新しい事業は、失敗する方が多いからです。

　問題は、失敗と判断した時に「すぐに撤退」できるかどうかです。儲からないと判断したら、その事業を継続すべきではないと誰でも理解できるにも関わらず、ずるずると続けてしまうと損は膨らんでいくばかりです。

　「失敗に学ぶことと、リカバリーのスピード」こそが大切だというのが柳井さんの考え方です。

　柳井さんには『一勝九敗』という本があるほど、一つの大きな成功の陰にはたくさんの失敗があると考えています。なぜそれほど多くの失敗があるかというと、計画というのは所詮は「机上の空論」であり、いかに努力して計画しても、現実にやってみないと分からないことがたくさんあるからです。

　にも関わらず、計画ばかりに時間をかけて何も実行しなければ、何の意味もありません。それよりも計画を立てたなら、必ず実行する、それもできるだけ短い助走期間で実行に移します。スタートすると、必ず失敗をしますが、その時には「これはこう計画したけれども、これが違っていたな」といったことが分かり、それを修正して次へと進みます。

　良い失敗というのは、失敗した原因がはっきり分かり、次の成功につながるだけに、計画したらできるだけ早く実行し、良い失敗をすることが必要だというのがユニクロ流の失敗に対する考え方です。

基本的行動
　計画に時間をかけすぎるな、できるだけ早く失敗しよう。

「説明はいらないから 見せてくれ」がグーグル流

　携帯電話やスマートフォン向けのOS「アンドロイド」や検索エンジン「Google」で圧倒的なシェアを誇るグーグル（親会社はアルファベット）では常時何百ものプロジェクトが進み、たくさんの製品が生み出されていますが、そのすべてがうまくいき、成功しているわけではありません。

　期待通りに進まないものもあれば、ユーチューブ（のちにグーグルが買収）に大敗したグーグルビデオや、フェイスブックに圧倒されたドッジボールなどの失敗作もあります。そんな時、創業者のラリー・ペイジやサーゲイ・ブリンはどのような姿勢で臨むのでしょうか。

　彼らは、成功するただ一つの方法は失敗をたくさんすることだと理解しています。ある時、副社長のシェリル・サンドバーグ（現フェイスブックCOO）が担当していたプロジェクトでミスを犯しました。サンドバーグは2人の部屋を訪ね、「本当に大きな失敗をしてしまった。もっと早く気付くべきだった」と謝罪しました。

　ところが、ラリーは途中で言葉を遮ってこう言いました。

　「プロジェクトを速く、大胆に進め過ぎたために生じた失敗だからいいんだ。僕は喜んでいるくらいさ。進め方があまりにも遅

く、機会を逸していたのだとしたら、すごく怒ったけどね」

「失敗を恐れずに挑戦しろ」と言いながら、実際に失敗をすると厳しく責任を追及したり、自分は責任逃れをする上司がいますが、それでは決してスピードのある仕事はできません。グーグルでは、準備不足や、見通しを甘く見ての失敗は許されませんが、変化を起こすために挑戦した結果としての失敗が責められることはありません。

実際、グーグルも企業全体としては大きく成長し続けていますが、その成功確率は良くて5割と言われています。半分は失敗しているわけですが、成功したうちの1割が大ヒットすればそれで良いというのがグーグルの考え方です。

言わば「小さく負けて、大きく勝つ」ということでしょうか。

そのために重視しているのがユニクロと同じ「撤退の早さ」と、「説明はいらないから、見せてくれ」という考え方です。

今の時代、IT業界はもちろんのこと、製造業においてもプロトタイプなどをつくる、実験のコストは低くなっています。だとすれば、あれこれ机上で議論するよりもまずはものをつくって実験すればいいのです。優れたプロダクトを生み出すために必要なのは、長時間の会議ではなく、数えきれないほどの試行錯誤を猛スピードで繰り返すことです。

必要なのは「考え、つくり、失敗し、再チャレンジする」スピードです。そのスピードこそが大きな成功をもたらすことになるのです。

基本的行動
　数えきれないほどの試行錯誤を猛スピードで繰り返せ。

「失敗を罰するより、そこから学ぼう」がダイソン流

　サイクロン掃除機や羽根なし扇風機、ヘアドライヤーなど独自のスタイリッシュなデザインで世界中に多くのファンを持つのがイギリスの家電メーカー、ダイソン社です。

　いずれも技術的に「熟している」と言われている市場で、同社は高い技術力とデザイン性を武器に高価格で参入、日本を始め世界中で確固たる地位を築いています。

　創業のきっかけは、美術大学でデザインを学んだジェームズ・ダイソンが、それまでのパック付き掃除機の吸引力に納得がいかず、「何とかならないか」と考えたことから始まっています。

　成熟市場の製品を改良するのは簡単ではありませんが、成功すれば市場をゼロから開拓する必要はないというのがダイソンの考え方です。掃除機の改良に先立ち、ダイソンは気に入らないところを実に20か所も見つけたところから開発をスタートしています。「日用品の不満を書き出せ」と勧めてもいます。

　不満を解消する方法として、ダイソンは製材所で目にした空気とおがくずを分離させる機械にヒントを得てサイクロン技術を掃除機に応用することを考えますが、ダイソン自身も言うように「アイデアを持つことは、ほんの始まりにすぎない」のです。

　ダイソンは自らのアイデアを形にしようと、周りにある段ボール紙やダクトテープなどを使って試作品をつくり始めますが、うまくいくまでに15年という時間と、5127台もの試作機をつくっています。

　当時をこう振り返っています。

　「15台目の試作機ができた時には、三人目の子どもが生まれていた。2627台目の試作機の頃、妻と私はまさにカツカツの生活だった。3727台目の試作機ができた頃、妻は生活費の足しにするため美術教室を開いていた」

　まさにいつ諦めてもおかしくない日々の連続です。それでも続けることができたのは、「失敗によって問題の解決に近づくことができる」という信念があったからだと言います。

　ダイソンは粘り強く実験を繰り返すトーマス・エジソン流の信奉者です。エジソンは「俺は運など一切信じておらん」と断ったうえで、運不運の違いはあきらめるかあきらめないかの差だと言っています。

　「たいていの連中は何回か試すとあきらめちまう。だがこの俺は狙った結果が出るまで絶対にあきらめない。違いはただそれだけのことさ」

　数限りない失敗を経て大成功をおさめただけに、ダイソンはダイソン社の社員にも「失敗を罰するより、そこから学ぼう」と言い続けています。ダイソンが言うように「失敗こそ問題解決への唯一の道」なのです。

基本的行動
　失敗を罰するな、失敗から学び続けよう。

失敗を「まあ、いいか」で済ませないのが野村流

　ここまで成功企業の「失敗の活かし方」「失敗との付き合い方」を見てきましたが、こうした考え方が求められるのは企業だけとは限りません。

　たとえば、野球というのは「三割打てば一流」と言われるように失敗の多いスポーツと言えます。問題はうまくいかなかった後の対処法です。

　『「まあ、しょうがない」と思うだけでは、しょうがないだけの選手で終わってしまう』は三冠王を何度も獲得した落合博満さんの言葉です。

　落合さんによると、凡打に終わって、「まあ、しょうがない」と自分を慰めるのではなく、「どうして？」と原因を考えることこそが明日につながり、前進できると考えていました。

　同じく三冠王で名選手、名監督だった野村克也さんも、試合に負けたり、凡打に終わった時、「しょうがない」「ドンマイ」で済ませる選手はそこで終わってしまうと考えていました。

　野村さんによると、プロとは野球選手として当たり前のことを当たり前にする力を持つ者のことです。それができない選手は「プロ失格」であり、「恥ずかしい」と思えることが「プロの条件」

だというのです。

理由はこうです。

試合で配球ミスをしたり、ボール球に手を出して三振した時など、心底「恥ずかしい」と感じれば、「なぜあんな失敗を？」としつこいほど振り返ることができますし、その反省から「同じミスをしないためにはどうすればよいのか」という対策が生まれるからです。

選手個人に限らず、チームとしても、弱いチームは、ミスした選手がベンチに帰ってくると、他の選手が「ドンマイ」と言って元気づけようとするのに対し、強いチームは、みんながチームのために一丸となってはいても、まずいプレーに対しては味方からも激しいヤジが飛んだといいます。

「ドンマイ」は単なる傷のなめ合いであり、それでは戦うプロの集団にはなれないというのが野村さんの見方です。

「私は勝つことで強くなったんじゃない、負けることで強くなったんだ」は、オリンピックの女子レスリングで三度の金メダルに輝いた吉田沙保里さんの言葉ですが、アスリートの多くは幼いころから嫌と言うほどの敗北や失敗を経験しながら成長していきます。

そんなたくさんの失敗や敗北に対してどのような姿勢で臨み、何を学ぶかでその後が変わってきます。企業に限らず、アスリートにとっても敗北や失敗は嫌なものですが、それを糧にすることで初めて勝利や成長を手にすることができるのです。

基本的行動
失敗は「まあ、いいか」で済ませず、その原因を考え抜こう。

失敗を「活かしきる」からこそ成功できる

　以上、失敗を活かすことで成功した企業やアスリートの例をご紹介しましたが、これらの企業を見て、「それは大企業だからできることだ」と反論する人がいるかもしれません。しかし、ここではっきりしておきたいのはこれらの企業は大企業になる前、創業の頃から失敗を「活かしきって」きたからこそ成功することができたということです。

　たとえば、トヨタの代名詞とも言える「トヨタ生産方式（以下「トヨタ式」）」の基本は「失敗や問題を改善のヒントとする」ところにありますが、トヨタ式は戦後間もない1950年の倒産の危機がきっかけとなって誕生しています。

　危機の引き金を引いたのは前年の1949年、日本に公使として赴任したジョセフ・ドッジの打ち出した超緊縮財政政策（ドッジ・ライン）であり、トヨタでも社員の四分の一にあたる合計2146人の社員が退社、最終損益も赤字となっています。

　その後、朝鮮戦争が勃発、朝鮮特需と呼ばれる大量のトラックの注文が舞い込むことでトヨタの経営は一気に好転しますが、この時、トヨタは倒産の危機という大きな失敗から得た教訓を活かし切ることでその後の成長を実現しています。

　倒産の危機というのは企業にとって大変な失敗です。同様の経験をした同業他社はドッジ・ラインによる不況に原因を求めたのに対し、トヨタは「見込み生産で大量の車をつくり、たくさんの在庫を抱えたことが経営を悪化させた」と考えたのです。

　そこから生まれたのが、余分な在庫を持たず、売れる車だけをつくる「必要なものを必要な時に必要なだけ」というトヨタ式の考え方です。さらに同業他社が朝鮮特需で増えた注文に対応するために、退社させた社員を大量に復帰させたのに対し、トヨタは残った四分の三の社員を決して増やそうとはせず、限られた人員で増えた注文に応えようと仕事のやり方や生産ラインを徹底して改善したことが、その後のトヨタ式の原点となっています。

　つまり、トヨタは倒産の危機という最大の失敗の原因を不況ではなく、「売れない車を見込み生産でつくり過ぎた」「たくさんの人を抱え過ぎていた」というところに原因を見ることで、「売れるだけの車をつくり、売れない車はつくらない」「限られた人数でいかに効率よく仕事をするか」という対策であるトヨタ式を考案、その後の成長へとつなげることができたのです。

　トヨタは大企業だから失敗を活かすことができるわけではなく、大きな失敗から学び、以後も「失敗は改善のチャンス」と考えて日々改善を続けたからこそ世界的企業になることができたのです。他の企業も同様です。失敗から学ぶという姿勢があれば、企業は失敗を活かしきり成功できますが、それがない企業は失敗して躓くことになるのです。

基本的行動
　失敗から得た教訓はとことん活かしきれ。

失敗は改善のヒントである

「失敗」を活かしきるためには「失敗＝悪」という意識から脱することが何より大切になります。

失敗と似たものにお客さまからのクレームがあります。「クレーム処理」という言い方があるように、クレームは厄介なものであり、穏便に処理すべきものというのが一般的な考え方ですが、クレームを「商品やサービスをより良いものにするためのヒント」と前向きに考えることができれば、クレームも歓迎すべきものとなり、お客さまとの信頼を強固にしてくれるものとなります。

アマゾンの創業者ジェフ・ベゾスはアマゾンを正式にスタートした初日から「顧客は常に正しい」として、顧客の要望には可能な限り応えようとしています。ある時、アマゾンから送られてくる箱が開けにくいという老婦人からのメールを受け取ったベゾスは、箱の設計を変更、誰もが簡単に開けられるものに変更しています。

こうした変更にはコストもかかり、社内の抵抗もありますが、それでもベゾスが「顧客は常に正しい」と言い続けるのは、顧客の信頼を勝ち取り、より強固なものにするためでした。

失敗にも同じことが言えます。たとえば、トヨタの現場では、

ミスや不良、トラブルなどが日々山ほど発生します。個人的な失敗もたくさんあります。しかし、こうしたことをトヨタはあえて「失敗」とは呼びません。

　失敗は「失い、敗れる」と書くように、失地回復できず、その先へ進めないイメージが強すぎるため、失敗の代わりに「問題」や「不良」という言葉を使うことで、「原因を突き止めて、解決し、前へ進む」という前向きな印象を与えるようにしています。

　つまり、トヨタにとって日常的に起きる問題や不良、ミスは決して「失敗」ではなく、「その原因を調べて、二度と同じような問題や不良、ミスが起きないよう」に改善するためのヒントを与えてくれるものとなるのです。

　失敗は「非難」されるべきものではなく、「改善のチャンス」となるのです。

　なぜそれほどに失敗を前向きに捉えることができるかというと、問題やミスを一つ改善するたびに①確実に仕事の質が上がり、②生産ラインなどはより良いものとなり、③同じ問題が発生しなくなり、④周囲からの信頼がアップするからです。

　反対に問題やミスを放置したままで何の改善もしなければ、何度も同じ失敗を繰り返し、仕事の質も低下し、周囲からの信頼を失うことになるのです。

　失敗を放置することは改善のチャンスをみすみす逃すことになります。「失敗は改善のヒント」と考えることが失敗を活かすうえでは何より大切なことなのです。

基本的行動
　失敗を改善のヒントと捉えることで仕事の質を上げていこう。

失敗は「最高の教科書」である

　失敗は失敗から学び、失敗を活かすことができるわけですが、その失敗は必ずしも「自分の失敗」である必要はありません。初代ドイツ帝国宰相オットー・フォン・ビスマルクの有名な言葉があります。

　「愚者は経験に学び、賢者は歴史に学ぶ」

　自分の経験から学ぶのはとても大切なことですが、それだけではダメで、他人の経験からも学んでこそ自分の誤りを最初から避けることができる賢者と言える、という意味です。

　失敗も自分の失敗から学ぶのはもちろんですが、他者の失敗を見て、そこから学ぶことができれば、より多くの失敗を避けることができます。

　失敗学のエキスパート仲尾政之さんがかつて90名のエンジニアを集めて、自分に降りかかってきそうなリスクを書き出してもらったことがあります。

　そのうえでインターネットなどに載っている失敗データを調べたところ、挙げてもらったリスクの内の七割については失敗データが「他山の石」として参考にできることが分かったと言います。

　つまり、自分や自分の会社がわざわざ経験しなくとも、似てい

る失敗は七割もあり、それらを有効に活用することができれば、失敗は自分の力で解決したり防ぐことができるというのです。

　企業で働いていると、自分にとっては「初めての仕事」であっても、たいていの仕事は先輩や上司が経験しており、過去の資料を調べれば、本当の意味で「初めての仕事」というのは滅多にないものです。

　ある人が新しい部署に異動した時には資料室に行き、時間をかけて過去のデータを見ると、たいていの仕事は勘所をつかむことができると言っていましたが、失敗についても同じことが言えるようです。

　失敗もいろいろな条件が複雑に絡み合って起きるだけに、表面上はケースバイケース、一つずつ違っているように見えますが、その原因を辿っていくと「よく似ている失敗」がたくさんあると言います。

　あるいは、新聞やテレビなどで事故や災害のニュースを見た時、「もしかしたら自分の会社でも起きるかもしれないな」と感じることもあるはずです。

　このように失敗は自分や自分の周りの失敗から学ぶだけでなく、他の場所、他の組織で起きた失敗も「他山の石」として活用することが賢者のやり方と言えます。他者の失敗を見た時、「自分はあんな失敗はしないよ」と高を括るのではなく、「同じ失敗をしないためにはどうするか？」と考えることを習慣にします。これも立派な「失敗から学び、失敗を活かす」ことなのです。

基本的行動
　他者の失敗を「他人事」と考えず、「他山の石」としよう。

失敗を活かすための風土と仕組みをつくれ

　ここまで事例などを通して失敗から学ぶ大切さや、失敗を活かすことの重要性を書いてきましたが、そのためには二つの要素が不可欠になります。

1．情報提供がなければ始まらない

　労働災害や失敗におけるハインリッヒの法則が示すように、災害や失敗には必ず予兆があります。ケガこそしなかったものの、ヒヤリとしたり、ハッとしたというヒヤリハットに対しすぐに改善を行なえば、その後の災害や失敗を防ぐことができますが、もしそのまま放置してしまえばいずれは誰かがケガをしたり、大きな災害が起きることになります。

　つまり、災害や大きな失敗の予兆とも言える小さな情報が集まることが災害や失敗を防ぐためには欠かせないわけですが、こうしたマイナス情報というのは集まりにくいものです。

　理由は情報を提供してくれるはずの現場の社員たちがマイナス情報を報告することで非難されたり、処分されること、評判が落ちることを嫌うからです。

　上司から怒られることが好きな人はいません。良い報告なら上

司は喜んで聞いてくれますし、「良くやった」と褒めてもくれますが、失敗の報告や悪い情報を聞いた途端に不機嫌になり、怒りだすような上司に失敗の報告を好んでする人はいません。

失敗した人が厳しく処分されるような組織では、誰も新しい挑戦はしませんし、失敗は隠そうとするものです。失敗から学び、失敗を活かそうとするなら、まずは社員が率先して報告するような風土をつくることが欠かせません。

いくら失敗を活かしたいと考えても、失敗情報が集まらなければどうにもならないのです。

２．失敗を活かす仕組みをつくる

企業でイノベーションが起きない理由の一つとして指摘されるのが、せっかく生まれたアイデアへのフィードバックがないことです。いくら素晴らしいアイデアがあっても、そのアイデアを育てるための仕組みがなければ、アイデアはアイデアのまま消え去ることになります。

同様にせっかくの失敗情報も、その原因を調べ、二度と同じ失敗が起きないように対策をするという仕組みがなければ、活かされることはないどころか、「どうせ失敗情報を報告しても意味がないや」と失敗情報さえ集まらなくなってしまいます。

大切なのは失敗という貴重な学習チャンスを活かす仕組みをつくることです。その仕組みがあって初めて失敗情報は集まるし、起こるはずの大きな失敗を防ぐことができるようになるのです。

基本的行動
失敗情報から学ぶために失敗を活かす仕組みをつくれ。

第2章

失敗は「見える化」して、同じ失敗を繰り返さないための「改善」を

失敗は隠すな、
見えるようにしろ

　失敗から学び、失敗を活かすために欠かすことができないの
が、失敗の一つひとつについて、「なぜ失敗したのか？」という
原因をしっかりと解明することです。

　失敗の原因を曖昧にしたまま、「今後はもっと気をつけて」と
いったいい加減な対策をしているようでは、同じ原因で起こる失
敗を防ぐことはできませんし、やがてはもっと大きな失敗を引き
起こすことになりかねません。

　失敗の原因を調べるうえで欠かせないのが、失敗を決して隠す
ことなく、見えるようにするということです。失敗というのは、
既に触れたように「失敗＝悪」と考えると、「失敗して周りに迷
惑をかけたくない」「失敗して怒られるのは嫌だ」という気持ち
から隠したくなるものですが、失敗を隠してしまっては学ぶこと
も活かすこともできません。

　それを防ぐために、たとえばトヨタが生産現場で実施している
のが、「問題が起きたら生産ラインを止める」というやり方で
す。生産現場では不良ができるとか、機械の操作をミスする、作
業が遅れる、間違えるといった問題が必ず起こります。

　そんな時、たとえば不良品に気づいたにも関わらず、「後で直

せばいいや」と不良品を脇によけて、そのまま生産ラインを動か
したとしたら、作業はそのまま進めることができますが、やがて
は同じような不良品が出てきますし、不良品がなくなることは絶
対にありません。

　そこで、トヨタの生産現場では問題に気づいたなら、気づいた
人がアンドン（異常発生を表示装置に点灯させる仕組み）のひも
を引っ張って生産ラインを停止します。すると、その現場に関係
者が集まってきて、「なぜ問題が起きたのか」という原因を調べ、
改善策を考えます。そして、問題が無事に解決出来たら、再び生
産ラインを動かします。この時、止めた人は「よく引いてくれ
た」と言われることはあっても、責められることはありません。

　トヨタにはさまざまな「見える化」がありますが、これは「問
題の見える化」と呼ばれています。なぜ問題が起きたことをわざ
わざ見えるようにするかというと、「問題が見えれば知恵が出る
が、見えなければ知恵は出ない」からです。

　問題が起きて生産ラインを止めることは、作業の遅れにつなが
ります。その意味ではマイナスですが、みんなで知恵を出し合っ
て問題を解決すれば二度と同じ問題は起きなくなるだけに、長い
目で見れば大きなプラスになります。小さな問題をきちんと解決
することが大きな問題を防ぎ、みんなの知恵を育て、品質を向上
させるというのがトヨタの考え方です。

　失敗から学び、失敗を活かすためには、まずは失敗は隠すこと
なく、「見える」ようにすることが大切なのです。

基本的行動
　失敗はみんなに「見える」ようにしよう。

バッド・ニュース・ファーストでいけ

　「良い知らせと悪い知らせのどちらを先に聞きたいですか?」という言い方があります。

　こう質問されればたいていの人が良い知らせを先に聞きたいと答えます。なかにはできれば良い知らせだけを聞いて、悪い知らせは聞きたくないと言う人もいるかもしれませんが、ビジネスにおいて何より大切なのは悪い知らせの方になります。

　理由は「良い知らせは次の日にもあまり変わらないが、悪い知らせは日を追うごとに悪くなっていく」からです。

　GEの元CEOジャック・ウェルチによると、問題が起きた時に必要なのは「問題は想像するよりももっと大きく、めちゃくちゃな、恐ろしいことになると、すぐさま心構えを変える」ことだと言います。

　それをせず、「何かがおかしいということを否定してしまうと、多大な時間をムダにする」というのがウェルチの考え方です。それほどに悪い報告は早く伝えることが大切なのですが、悪い報告をするという役回りはできれば避けたいというのが人間の心理です。こんな心理が働きます。

　「今日は上司の機嫌が悪いから報告は後にしよう」

「少しぐらい報告が遅れても大したことにはならないから明日にしよう」

　結果、報告は少しずつ遅れ、もはや手遅れという段階になって初めて上司の耳に入ることになります。なかには報告のタイミングを逸して、「隠した」ことになるケースもあり、すぐに報告しておけば小さな失敗で済んだはずのものが、予想もしなかったほどの大問題に発展するケースもあります。

　実際、新聞などで問題になる失敗の中にも、「どうしてこんなことを隠したんだろう」と疑問を感じるものもあり、報告や公表してしまえばさほど問題にならないものも、報告や公表が遅れたり、隠してしまうと大変な問題になることがよく分かります。

　こうした報告の遅れを防ぐためにも心がけたいのが、部下が「厳しく叱責される」「処分される」といった身の危険を感じることなく、どれほど厳しい知らせでも上司にすぐに報告できる環境を常につくっておくことが大切になります。

　たとえものごとがうまく進まず、たくさんの失敗があったとしても、その事実が迅速かつ正確に上司に報告されるなら、上司は決して喜ぶことはできないまでも、それ以上の事態の悪化を防ぐことができます。

　「バッド・ニュース・ファースト」を定着させるためには、悪い知らせを持ってきた部下の話に耳を傾け、支援の手を差し伸べることが不可欠なのです。

基本的行動
　上司は部下の悪い話に耳を傾け、支援しよう。

「問題ありません」を
真に受けるな

　失敗などの問題は早期に発見して対策を打てば大きな問題に発展することはありませんし、失敗を糧にしてより良いやり方を見つけることもできます。

　そのためには失敗や問題が見えることや、すぐに正確に報告されることが欠かせませんが、ビジネスの現場では「問題はないか?」と聞かれて、「問題はありません」と答え、その答えに満足してしまう上司がいるのも事実です。

　「問題はありません」が本当に「何の問題もない」のならいいのですが、現実には問題や失敗がいろいろあるにも関わらず、それに気づいていなかったり、隠しているということもあるだけに注意が必要です。

　トヨタのコンサルタントのAさんが生産改革のお手伝いをしている企業の工場を訪問した時のことです。

　工場を見て回りながらAさんが工場の責任者に「何か問題はありませんか?」と質問したところ、「特にありません」という答えが返ってきました。

　そこで、Aさんが工場の中の整理整頓の行き届かない場所を示しながら、「整理整頓などには問題はありませんか?」と再度質

問すると、責任者は少しバツの悪い顔をしながら、「忙しくできていないところも何か所かあります」と答えました。

　さらにＡさんがいくつかの例を挙げながら、「この辺は問題ありませんか？　あの辺はどうですか？」と質問すると、責任者からは実に数十個の問題が挙がってきました。

　責任者は問題を隠そうとしていたわけではありません。それでも「問題があります」よりは「問題はありません」の方が良いことだと思っていたのはたしかですし、Ａさんが指摘するまではそこに「問題がある」と気づいていなかったというのも事実です。

　ほとんどの人はたとえ問題があったとしても、とりあえず仕事が回っていれば、「問題はない」と考えがちです。たとえば、たくさんの在庫品があれば、たとえ生産に遅れが生じても在庫品で対応できるだけに、それを「問題がある」とは考えません。あるいは、企画書の制作などもみんなで長時間残業をして何とか期日に間に合ったとすれば、「頑張ったなあ」という満足感から長時間残業という問題は隠れてしまいます。

　こうした人に欠けているのは、今のやり方に対して「これでいいのか」「問題はないのか」と問いかける姿勢です。そんな視点で見れば、今のやり方にはたくさんの問題があり、放っておくと失敗につながるリスクがあることに気づくはずです。

　「問題がない」ことを誇るより、「問題はあって当たり前」と考えることで、問題や失敗から学び、問題を活かすことができるようになるのです。そこに成長があるのです。

基本的行動
　「問題はあって当たり前」と考えよう。

失敗の「原因と結果」を
正しく理解しよう

　失敗から学び、失敗を活かすためには失敗を隠すのではなく、「見える」ようにすることが大切になります。そしてそのためには「問題がない」ことを良しとするのではなく、「問題はあって当たり前」と考え、失敗や問題を速く正確に報告する風土づくりが求められます。

　こうした取り組みによって失敗や問題が見えるようになったとします。次に必要なのが失敗の原因と結果を正しく分析することです。失敗が起きた時、目に見えているのは「失敗」という結果だけです。

　その結果だけを見て、失敗した当事者を「何てことをしてくれたんだ」「とんでもないことをしてくれたな」と責め立てるだけでは何の解決にもなりません。あるいは、「この失敗は想定外だった」「不可抗力だ」という言葉でごまかしてしまうと、失敗は「起きたものは仕方がない」とあきらめるほかなくなってしまいます。

　大切なのは、失敗がなぜ起きたのかという「原因」をしっかり究明することであり、二度と同じ失敗をしないためにはどうすれば良いのかを考えてしっかりと対策を立て実行することです。

　その際、重要なのは「責任追及」よりも「原因追及」を優先す

るという姿勢です。かつてトヨタのアメリカの工場で、接着剤を間違えるというミスが起きたことがあります。車のどの部分に使うかでのりの種類は違いますが、その工場は新しく、経験の浅い資材管理の担当者がのりの缶を用意する時に間違って運んだことが原因でした。

　当時の工場の責任者はのちにトヨタの社長となる張富士夫さんでした。張さんはすぐに資材管理課長を呼びますが、アメリカ人の課長はレイオフされると思い、真っ青な顔で部屋に入ってきました。課長を見るなり、張さんはこう声をかけました。

　「ところで、原因は何だ、再発防止はどうする？」

　トヨタの上司は、部下が失敗しても、「一体、何をやっているんだ」「どう責任をとるつもりだ」と怒ることはありません。

　失敗したのは個人のミスというよりは、仕組みに問題があるケースがほとんどで、起きてしまったことをとやかく言うよりも、問題の原因を見つけ、改善し、再発を防ぐ仕組みをつくる方が大切だというのがトヨタの考え方です。

　大切なのは「なぜこうなったのか？」であり、責任を追及することではありません。その後、資材課長は小さく書かれた品番でしか見分けのつかない接着剤の缶の表示を分かりやすいものに変更したり、置き方を工夫するという対策を講じた結果、工場では二度と同じミスは起きなくなりました。

　失敗が起きた時、まずやるべきは「原因追及」と「対策」です。責任追及が必要だとしても、それは後回しでいいのです。

基本的行動
　失敗が起きた時は「原因追及」と「対策」を優先しよう。

失敗の原因は
「何層」にもなっている

　失敗から学び、失敗を活かすためには「責任追及」よりも「原因追及」を優先することが重要になります。失敗の原因に関しては、第1章で触れたようにたくさんの種類があるわけですが、厄介なのは多くの失敗が「たった一つの原因」で起こることはほとんどなく、「いくつもの原因」が複雑に絡み合って良くない結果を引き起こしているということです。

　数年前、ある鉄道会社の車両が踏切内で立ち往生したトラックと衝突、一人が死亡、数十名の乗客が負傷するという事故がありました。この事故は、トラックが無理に踏切に入り、立往生したことが原因とみられていますが、一方で、このような時、鉄道のシステムは踏切の手前で電車が止まるように設計されているにも関わらず実際には止まることができず大きな事故につながっています。

　それを無視してトラックが立ち往生したからという事実だけを失敗の原因としてしまった場合、いずれ同じような事故が起きることになります。そうならないためには本来、止まるはずの電車が止まらなかった原因もしっかり調べる必要があります。

　たとえば、①踏切に障害物がある時に、その危険を運転士に知

らせる信号機は見やすい位置にあったのか　②危険に気づいた後の非常ブレーキの操作は適切だったのか　③踏切までの停止距離には十分な余裕があったのかといった疑問の一つひとつを丹念に調べることで初めて「なぜ事故が起きたのか」という本当の原因を知ることができるのです。

さらに踏切の異常を知らせる特殊信号機が「見えにくい」という現場からのヒヤリハットがあったにも関わらず、適切な対応を怠っていたのではないか、と指摘する専門家もいて、こうしたヒヤリハット報告の届きにくさ、対応のまずさなども事故につながっているのではという見方もあります。

このように一つの大きな事故の原因というのはいくつもあります。事故の直接の原因はトラックの運転手にあるのかもしれませんが、その背後にはいくつもの要因が絡み合っており、その原因の一つひとつについて調べ、改善をしていかない限り本当の意味で事故の再発を防ぐことはできないのです。

これほど大きな事故でなくとも、日常的に起きる小さな失敗も原因が一つとは限りません。直接の原因は「作業者の経験不足からくるミス」かもしれませんが、その背後には標準作業の問題や訓練不足があるかもしれませんし、部品や使っている工具に問題があることもあれば、作業者の精神的肉体的な問題もあるかもしれません。

失敗を活かすためには原因究明が欠かせませんが、原因は一つではなく複雑に絡み合っていると知ることがとても大切なのです。

基本的行動
　失敗の原因は複雑に絡み合っているという前提で原因究明を。

失敗の「原因」ではなく「真因」を探れ

　失敗の原因を調べていくとき、トヨタ式で使われるのが「『なぜ』を五回繰り返せ」というやり方です。

　トヨタ式ではミスや失敗をした時、目に見える「原因」の背後に「真因」があると考えます。そして「真因」を調べて、真因を潰す改善をしない限り、同じようなミスや失敗を何度も繰り返すことになるというのがトヨタ式の考え方です。

　024で紹介した接着剤の缶を間違えるという失敗を例に「なぜ」を五回繰り返してみましょう。

１．なぜ接着剤の缶を間違えたのか？
　担当者が入社して日が浅く、仕事に不慣れだったから。
２．仕事に不慣れだとなぜ間違えるのか？
　倉庫には似たような缶がたくさん並んでいて、慣れない人間には缶の見分けがつきにくいから。
３．なぜ缶の見分けがつきにくいのか？
　接着剤の缶のデザインはほとんど同じで、種類の違いが小さく書かれた品番でしか分からないから。

４．なぜもっと分かりやすい表示にしないのか？

接着剤は業者から納品されるので、自分たちで変えようという意識はなかったから。

５．なぜ自分たちでもっと工夫しようとしないのか？

間違えずに材料や部品を用意するためには慣れと注意が必要であり、それには経験を積むことが大切だと考え、何か工夫をしようとは考えていなかったから。

このように「なぜ」を繰り返していくと、接着剤の缶を間違えるという失敗の背景には、缶の表示の見にくさや整理整頓のやり方にこそ本当の原因があることが分かります。

それをせず「担当者の不慣れや不注意」という原因で片づけてしまうと、失敗した担当者を叱責したり罰すること、そして「もっと集中して仕事をしろ」の一言で解決したことになりかねません。問題が起きた時、「慣れていないから」や「注意不足」に原因を求めると、「早く慣れろ」「もっと集中しろ」という精神論に対策を求めることになりますが、「なぜ慣れないとミスが起きるのか」と掘り下げていくと、別の原因が見えてきて、その先には「仕事に不慣れな人でも絶対に失敗しないやり方」を考えることができるようになるのです。

現実にはもっと複雑な原因が絡み合った失敗がたくさんありますが、どんな時にも表面的な原因で納得することなく、「なぜ」「なぜ」と問いかけていくことで本当の原因を見つけることこそが失敗から学び、同じ失敗を繰り返さないために大切なことなのです。

基本的行動

「なぜ」を五回繰り返して「真因」を見つけよう。

安易に「分かった」と言わず、見つかるまで探せ

　失敗の真因を突き止めるために、トヨタ式では「なぜ」を五回繰り返しますが、問題解決に慣れていない人にとっては五回も「なぜ」を繰り返すことは大変です。

　そのため一回か二回の「なぜ」で「分かった、これが真因だ」と決めつけてしまうことがよくあります。しかし、それでは先ほども触れたように「注意しろ」「気をつけろ」といった安易な解決策に落ち着くことになり、失敗の再発を防止することはできません。そうならないためにも、三回、四回、五回としつこいほどに「なぜ」を繰り返すことが必要なのです。

　もちろん時には二回か三回の「なぜ」で真因にたどり着くこともありますが、その時にも「これは本当に真因なのか？」と問いかけましょう。

　大切なのは、仕事で失敗をしたら「なぜ失敗したのか？」を自分に問いかける姿勢を持つことです。その姿勢があれば、失敗からいろいろなことを学ぶことができるし、失敗を糧にして仕事の質を高めていくことができるのです。

　しかし、なかには「なぜ」を繰り返したにも関わらず、「真因」が見つからないこともあります。もちろん大きな事故などでは原

因が複雑に絡み合っているだけに簡単に見つかるはずもありませんが、日々の仕事においても「これだ」という真因が見つからないというのはよくあることです。

　トヨタ社員のBさんが協力会社で「かんばん」の導入を指導していた時のことです。慣れないせいか「かんばん」の紛失が相次ぎました。トヨタ式において、本来、「かんばん」のないものは生産することはできない決まりですが、それではトヨタにも迷惑がかかるからと、Bさんは「かんばん」が紛失する原因を調べるのではなく、増発することにしました。

　しかし、このやり方には「つくり過ぎのムダ」を生む恐れがありました。それを知ったBさんの上司は激怒し、「探してこい」と命じました。何時間か探したものの見つからず、報告に行くと、「一時間や二時間探したくらいで『ありません』とは何事か」とまた怒鳴られました。こうも言われました。

　「なぜ見つからないのか分かるか？　答えは簡単だ。見つかるまで探していないからだ」

　Bさんが時間をかけて探したところ、部品を入れる通い箱の底にくっついている「かんばん」を発見しました。箱を重ねた時に箱の底の油が原因でくっついてしまったのです。Bさんは「かんばん」を置く場所を変えることで同じ失敗を防ぐことができました。

　これは「調べる」というよりは「探す」ケースですが、「真因」を知るためには根気よく調べ、探すことが大切なのです。

基本的行動
　「真因」にたどり着くまで粘り強く調べ、探し続けよう。

「原因」を間違えると間違った「解決策」になる

　失敗の「真因」探しには時間も手間もかかりますが、だからといって「真因」にたどり着かないままに対策をしてしまうと、せっかくお金や時間をかけても効果の薄いものになることがよくあります。

　事務機器メーカーの生産子会社のC社は工場のあるエリアでは親会社の事務機器の販売も行っていますが、ここ何年かエリア内のシェアが低下、親会社でも問題になっていました。原因は営業社員の数が足りないことだと考えたC社は営業社員の人数を倍に増やしましたが、一年経ってもシェアはそれほど回復しませんでした。

　新しくC社トップに就任した親会社出身のDさんは「原因は別にあるのではないか？」と考えました。たしかに営業成績が落ちた時、現場からは「人が足りないから」「もう少し人がいれば」という声が挙がるのは事実です。だからこそC社もそれを真に受けて人を増やしたわけですが、結果として効果が出ない以上、他の原因を調べる必要もあります。

　Dさんが営業社員の日々の活動の仕方について調べたところ、同社の営業範囲がとても広く、車での移動に時間がかかるうえ、

担当エリアも決めていないため、一人の営業社員が一日に二社くらいしか訪問していないケースが多いことが分かりました。さらに同社の営業のやり方は飛び込み訪問も多いため、せっかく訪問しても担当者に会えなかったり、商談までに長い時間がかかることが分かりました。

　これではいくら営業社員を増やしても効果が出ないのは当然です。そこで、Ｄさんはいくつかの改善策を実施することにしました。

①営業社員は以前の半分の人数に絞り込む。
②営業社員ごとに担当エリアを明確にして、移動にムダな時間を割かないようにする。
③飛び込み営業はやめ、工場で働いている社員や取引先などに協力してもらってできるだけ紹介中心の営業を行う。

　結果、以前に比べて何倍も効率の良い活動ができるようになり、エリアでのシェアトップを回復したばかりか、圧倒的なシェアを獲得することができたといいます。

　失敗の原因を「人が足りないから」といった表面的な原因だけに求めて、他の原因を追究しないままだと、せっかくの対策も効果の低いものになりがちです。そうならないためにも失敗の原因は「なぜ」を五回繰り返して、いくつもの原因を探ることが大切です。真因を潰してこそ対策は効果あるものとなるです。

基本的行動
　効果ある対策のためにも「真因」を間違えるな。

真因探しは「現地現物」で

　何度も同じような失敗を繰り返すのは、それを引き起こす真因を取り除くことなく放置しているからです。

　ある工場で小さな事故や災害が多発していた頃のことです。その工場では事故や災害が発生すると、担当者が現場の責任者に話を聞いて報告書を上司に提出することがルールとなっていました。しかし、そこには災害や事故の原因はほとんどの場合、「現場の担当者の不注意」「現場の担当者の判断ミス」と書かれ、「以後気をつけます」が対策として記されていました。

　言わば、現場の担当者に責任を押しつけて、「なぜ事故が起きたのか」という根本的な原因を究明することはありませんでした。そのため、同業他社をはるかに上回る数の事故や災害が頻繁に起きていたにも関わらず、報告書を提出して一件落着となっていました。

　こうした事態に危機感を覚えた本社から生産部門の役員のEさんが派遣されることになりました。ハインリッヒの法則が教えてくれるように大きな事故や災害の陰にはたくさんの小さな事故や災害があり、もっとたくさんのヒヤリハットがあります。これほどたくさんの事故や災害が起きている工場なら、いずれ人命に関

わるような大きな事故や災害が起きるのではないかというのがEさんの危機感でした。

　Eさんが工場に常駐するようになって数日後、現場で小さな事故が起きました。Eさんはすぐに現場に駆け付けましたが、そこには工場の責任者もいませんし、事務部門の責任者も来ていませんでした。事務部門の係長が一人来て、現場の人間に少しだけ話を聞いて、「今後気をつけて」と言うと帰っていきました。

　残ったEさんが事故の現場をくまなく見て歩くと、生産現場の整理整頓が行き届かず、「これは危ないな」という所が何か所もありました。Eさんがそのことを現場の責任者に伝えると、「忙しくてとても手が回りません」という返事が返ってきました。

　数時間後、Eさんの所に部長が事故の報告書を持ってきましたが、そこにはいつもの決まり文句が書いてありました。そこで、Eさんが部長に「なぜ事故の現場を見に行かないのか」と尋ねると、答えは「係長に任せてありますから」というものでした。これでは事故や災害がなくなるはずもありませんでした。

　以後、Eさんは事故や災害の際には必ず上席の人間が現場に行き、事故につながりそうな原因をすべて調べることにしました。そのうえで事故につながりそうな箇所はすべて改善し、危険を取り除くことにしたところ、ようやく事故や災害の発生が減少に転じることになったのです。

　失敗の原因探しは、机上で考えるのではなく、現地現物で調べてこそ真因と本当の対策にたどり着くことができるのです。

基本的行動
　失敗の原因は机上ではなく現地現物で調べよう。

原因探しも対策も
「源流」にまで遡れ

　元トヨタ社員のFさんが食品メーカーの役員だった頃、ある工場で多発する物流クレームの解消に取り組んだことがあります。その工場は一日約1000種類の食品を約60万パック生産しています。

　工場で生産した製品は隣接する物流センターに納入され、センターで分荷したあと、約80台のトラックがお得意先に向かって出発します。どうしても間に合わない場合には、臨時便のトラックを走らせて対応しますが、物流クレームの中には遅延以外にも欠品や破損、誤品も含まれます。

　ある程度のクレームは織り込み済みですが、それでもある月の物流クレームが通常の10倍になった時には社内で大きな問題になりました。臨時便などにかかる費用を考えれば大きな損失です。すぐに工場長と物流センター長を中心に対策会議が開かれ、「問題は分荷に時間がかかり過ぎるから」という結論を出したうえで約2000万円をかけて新しい機械を購入することにしました。

　しかし、稟議書を見た生産本部長は「本当にこれだけで問題は解決するのだろうか」と疑問を感じ、一旦保留にしたうえで、Fさんに調査を依頼しました。

　Fさんは工場と物流センターに足を運び、「なぜ」を繰り返しました。そこから出てきたのは、出荷時間の遅れの原因の70％は仕分け、分荷の遅れだが、その原因には①工場の生産の遅れ　②工場の製品の置き場所が整理整頓されずものを探すのに時間がかかる　③協力会社からの外注品の納入遅れ　④分荷を行う人数の不足　⑤生産数量が不足がちで、得意先に商品を分けていくといつも最後の方の店の品物が足りなくなるといった原因が分かりました。

　さらに「なぜ」を重ねると、工場の生産体制などにも問題があることが分かってきました。つまり、物流クレームの「真因」はみんなが思っていた物流センターの分荷の遅れだけでなく、工場でのつくり方や、協力会社の納品の遅れなどにも原因があることがはっきりしてきたのです。

　これでは高価な機械を導入して一時的に問題が解決したとしても、時間が経てば同じような問題が起きるのがはっきりしています。そこで、Fさんは生産本部全体の問題として選任プロジェクトを発足させ、さまざまな改善を行なったところ物流クレームを大幅に削減することに成功しました。

　問題解決の難しさは、真因を掘り下げることなく、一部の人や部署の責任にしたり、「お得意様には頭を下げて、とにかくみんなで頑張ろう」といった「精神論」に逃げることが少なくないからです。「真因」からはずれた対策は一時的な解決にはなったとしても、根本的な解決をもたらすことはありません。失敗や問題は源流まで遡って「真因」を探ってこそ解決できるのです。

基本的行動
　失敗や問題の原因は「源流」にまで遡れ。

「失敗したくてもできないほど」の改善を目指せ

　失敗の「真因」を探り当てたなら、次に「どうすれば失敗を防ぐことができるか」という対策を考えることが必要になります。

　その際に考えるべきは「精神論」や「その場しのぎ」に逃げることなく、「失敗したくてもできないほどの対策」を行うことです。あるメーカーで生産ラインの構築などに携わっているGさんは、若い頃は一年の半分近くをアメリカの工場で過ごしていました。役職は「品質保証部隊のリーダー」ですが、Gさんによると実際にやっていたのは「品質トラブルの手直し」ばかりでした。

　その頃から考えていたのが「なぜこんなに多くの品質トラブルが起きるのか？」でした。品質トラブルといっても大きなものはほとんどありません。多くはちょっとした手直しで済むだけに、軽微な品質トラブルという小さな失敗を未然に防ぐことができれば、生産性は格段に上がるとGさんは考えていました。

　目指したのは検査と手直しに頼らない、ミスのないものづくりです。Gさんがたどり着いたのが「人に優しく、人に易しいものづくり」でした。

　「人に優しい」というのは、静かで明るく働きやすい職場環境を指します。一方の「人に易しい」は、作業をする人の過度の注

意力などに期待しないつくり方です。

　組立仕事には「つけ忘れ」「セット不完全」「取り付け位置不良」の「組立三悪」があります。「この三つに気をつけてください」と口で説明してもダメで、考えながら、判断しながらの作業は、人によって、あるいはその日の体調によって必ずミスが出ます。

　たとえば、左右反対につけてもついてしまう部品があり、本来は正しい方向でないと動かないとしても、逆でもついてしまうとすれば、それは作業者が注意をして作業する必要があります。部品も一日の作業分がまとめて、並び方もバラバラに作業者の元に届けられるとすれば、これらは作業者の「注意力」だけに期待した、「ミスをしてください」と言っているのと同じことです。

　こうしたミスを防ぐには、一回の作業に必要な部品が必要な数だけ、正しい方向に並べられて届けられることがポイントになります。さらに進んで左右どちらでもついてしまう部品は協力会社と相談して正しい方向でしかつかないようにすれば、考えることも判断することも不要になります。

　こうした細かな改善を積み重ねた結果、Gさんは目指していた「人間が最初からミスをしないものづくり」に近づくことができました。もちろんまだ完全ではありませんが、失敗やミスの一つひとつについて改善を積み重ねれば、いつかは「失敗したくてもできない」状態になるとGさんは考えています。

　失敗を完全に防ぐことはできませんが、失敗の真因を調べ改善を積み重ねれば、失敗の数は確実に減らすことができるのです。

基本的行動
　失敗の原因を一つずつ丹念に潰していこう。

「その場しのぎ」に逃げるな

　生産ラインなどで作業の遅れや作業ミスなどが起きた時、トヨタ式が生産ラインを停止して原因を調べるのは、二度と同じ問題が起きないようにするためですが、このやり方は当然時間もかかるし手間もかかります。

　「生産ラインを止める」ことは生産量に影響が出るだけに、企業の中には「小さな失敗は無視して生産を続けた方が良い」と考えるところもあります。

　たとえば、不良品が見つかったら、脇によけておいてあとで手直しすれば良いし、作業に不慣れで遅れやミスが多い社員がいれば、その人をはずして他のラインから人を補充して、遅れを解消するとか、場合によっては管理監督者が代わりに作業をすることで効率を上げるというやり方もあります。

　たしかにこれも一つのやり方ですが、このようなやり方は「その場しのぎ」にはなっても、本当の意味の問題の解決にはつながりません。たしかに「生産の遅れ」という問題は解決されたように見えますが、それはあくまでも人を補充したり、管理監督者が代わりを務めたからであり、この先もずっと同じことを続けるわけにはいきません。

　トヨタ式を実践しているある企業の間接部門が企業全体の競争力を高めるために人員を半減するという改革に取り組んだことがあります。事前に間接部門が抱えている仕事の見直しを進めて、ムダな仕事はなくし、残った仕事それぞれに標準作業をつくり、社員の多能工化を進めるという徹底した準備を行いましたが、それでも人員が半分になった当初は仕事が予定通りに進みませんでした。

　間接部門の責任者からは「人数を元に戻してほしい」という要望がありましたが、同社の改革の責任者は次のような案を提示しました。

①残業が必要な時は事前に申請してもらえば、必要なだけの人数を応援に出す。

②その仕事が無事に終わった後、「なぜ残業が必要だったのか」について「真因」を調べて改善を行なう。

　残業が必要な時、応援の人を出すのは「その場しのぎ」ですが、大切なのは「なぜ予定通りに仕事が進まないのか」という真因を調べて改善を行なうことです。

　仕事の効率を上げるためには、時には一時しのぎ、その場しのぎをするのもやむを得ませんが、やってはならないのは問題が解決したからと、その原因究明をせずそのままにしてしまうことです。これでは決して失敗から学ぶことはできません。失敗や問題がその場しのぎで解決することは決してありません。失敗や問題は「真因」を潰してこそ真の解決になるのです。

基本的行動
　「その場しのぎ」の後にも必ず「真因」の究明を怠るな。

「できるのはここまで」と
勝手に線を引くな

　失敗の原因を究明する時や、真因を潰すための対策を考える時、組織の壁や企業の壁が邪魔になり、その先へ進めなくなることがあります。そんな時、たいていの人は「できるのはここまで」と勝手に線を引いて、その先へ進もうとしませんが、それでは原因究明も対策も中途半端なものにならざるを得ません。

　ある事務機器メーカーで開かれた「品質会議」の席上、生産子会社H社のものづくりが問題になりました。H社が生産した製品をお客さまの所に搬入した際、いざ製品を動かそうとすると動かないことが頻発しました。部品の一つを再セットすると直るのですが、H社は本当に出荷にあたって検査をしているのかが問われたのです。

　H社は出荷時の検査はきちんと行っています。にも関わらず、お客さまの所に製品が届いた時に「動かない」ようでは「本当に検査をしているのか?」「検査のやり方に問題があるのでは?」と疑われても仕方のないことです。

　そこで、H社は急遽プロジェクトチームを立ち上げて市場・工程内品質から改善テーマを取り上げて、週一回のペースで検討会を開催しました。すると、これまでは「他人のせい」で済ませて

いた問題も、仕入れ先と一緒になって徹底して品質を追求すると、いろいろな原因が分かってきました。

　お客さまのところに製品が届いた時点で部品がはずれている問題については、ラインでは一旦きちんとつけたはずのものが、次の工程の作業中にゆるむことが分かりました。それでも出荷時の検査では「動かない」ところまではいかないため「合格品」として出荷されますが、その後の運搬中にはずれてしまうことがあり、着荷の時点で動かなくなってしまうのです。

　これはラインの責任というよりは、親会社の設計上の問題です。これまでも似たような問題はしばしばありましたが、以前のH社は「これは親会社の問題」「これは協力会社の問題」と、「他人のせい」にして、決して自分たちで問題を解決しようとしませんでした。親会社や他社との交渉はやりたくなかったからです。

　しかし、このままでは決して品質問題は解決しません。自社が生産している以上、その責任は自分たちにあります。自分たちのつくる製品を完全なものにするためには、設計や製造、仕入れ先にも積極的に入っていって問題を解決する必要があります。そこでH社のプロジェクトチームは不良の原因を一つひとつ究明し、設計などに反映していった結果、不良件数ゼロ件を達成することに成功したのです。

　「できるのはここまで」と決めるのは、たしかに楽ですが、失敗や問題の本当の解決から逃げることになりかねません。本当の解決のためには「壁を越える」ことも必要なのです。

基本的行動
　本当の問題解決に向けて「壁」を越えていけ。

常に「修繕」より「修理」を心がける

　ここまで見てきたように問題が起きた際のやり方は次の三つのポイントからなります。

1．問題をみんなに見えるようにする。
2．問題の真因を徹底的に調べる。
3．二度と同じ問題が起きないようにしっかりと対策を行う。

　この三つの流れを徹底することができれば、小さな失敗や小さな問題をしっかり解決できるだけに、同じような失敗や問題は未然に防ぐことができるようになります。

　こうしたやり方をトヨタ式の基礎を築いた大野耐一氏は「修繕ではなく修理をせよ」と言っていました。どういうことでしょうか？　大野氏の有名な「五回のなぜ」の事例を紹介します。

1．なぜ機械が止まったか？
　　オーバーロードがかかって、ヒューズが切れたからだ。
2．なぜオーバーロードがかかったのか？
　　軸受部の潤滑が十分でないからだ。

3．なぜ十分に潤滑しないのか？

潤滑ポンプが十分汲みあげていないからだ。

4．なぜ十分汲みあげないのか？

ポンプの軸が摩耗してガタガタになっているからだ。

5．なぜ摩耗したのか？

ストレーナー（濾過器）がついていないので、切粉が入ったからだ。

　もし1の「なぜ」で終わっていれば、「ヒューズを取り替える」という対策ですぐに機械を動かすでしょう。たしかに「ヒューズが切れる」は、機械が止まった「原因」の一つですから、ヒューズを取り替えれば、機械は動き、ラインを「すぐに動かす」ことができます。

　その点では生産現場にとってはありがたい迅速な処理となりますが、「ヒューズが切れる」は「原因」ではあっても、「真因」ではない以上、こうした「修繕」を続けている限り、「機械が止まる→ヒューズを取り替える→機械を動かす」を何度も繰り返すことになります。

　一方、「ストレーナーを取り付ける」という対策をとれば、同じ問題は防ぐことができます。「ヒューズを取り替える」がその場しのぎの「修繕」だとすれば、こちらは同じ失敗を防ぐことのできる「修理」と言えます。失敗や問題の対策は、できるだけ「修繕」ではなく「修理」を心がけることが原則なのです。

基本的行動

　「修繕」でごまかすことなく、「修理」を心がける。

失敗を防ぐ対策はこう立てる

　問題や失敗の「真因」が分かったら、次にやるのは「真因」を潰すための対策を立て、実行することです。その際、心がけるべきは以下の三つです。

１．いくつもの案を考え、比較検討する
２．結果を見届ける
３．結果が出るまで改善し続ける

　トヨタ式に「目的は一つ、手段はいくつもある」という考え方があります。「真因」を潰すための対策は「たった一つ」ということはなく、たいていはいくつかの方法があるはずですが、最初にやるべきはその方法を何種類も考えることです。

　なかにはお金や時間のかかる方法もあるでしょうし、あるいはお金はかからないものの手間のかかる方法もあるかもしれませんが、まずはブレーンストーミングのように制限なくさまざまなアイデアを出し、次に「お金は」「時間は」「効果は」といった点から比較検討を行って最善のものを選ぶようにします。

　最初に「これがベストだ」というアイデアを思いついたとして

も、他のアイデアも考え、比較検討することで最善の策を選べ
ば、自信をもって実行できるようになります。

　比較検討の結果、「これでいこう」という対策が決まったら、時
間を置かずに実行します。どんな良い対策も実行に移さなければ
意味がありません。この時、「失敗したら嫌だなあ」という躊躇
いがあるかもしれませんが、できるだけすぐに実行に移します。

　これまでのやり方を変える以上、うまくいかない部分は当然出
てきますが、気にする必要はありません。まずは考えたことを実
行に移し、その結果をしっかりと見届けましょう。

　では、実行した結果、うまくいかないことが起きた時にはどう
すればいいのでしょうか？

　ここで一番避けたいのは、「元のやり方に戻す」ことです。新
しい挑戦をしたもののうまくいかなかった時、よく出てくるのが
「ほら、やっぱりうまくいかなかっただろう。諦めて元に戻した
らどうだ」というものです。

　人は慣れたやり方と新しいやり方を比べると、慣れたやり方を
好むものです。たとえ慣れたやり方で失敗や問題があったとして
も、新しいやり方よりも慣れたやり方の方がやりやすいし、ミス
や失敗も少ないと考えがちです。

　しかし、これでは過去のやり方の問題が解決することはありま
せん。うまくいかなかった時も、元に戻すのではなく、うまくいか
ないこと一つひとつの真因を調べて、さらに改善をします。そうす
ることで失敗や問題は確実になくしていくことができるのです。

基本的行動
　立てた対策は素早く実行に移し、結果が出るまで改善し続ける。

失敗の「予兆カード」を 作成しよう

　ハインリッヒの法則が示すように、大きな失敗の背後には必ず予兆があります。大きな事故や問題が起きた時、「あり得ない事故だ」「想定外の出来事だ」と当事者は言いますが、事故や問題の原因などについて詳しく調べていくと、「あの時に気づいて対処していればこれほどの事故にはならなかったものを」という予兆のようなものがあります。

　とはいえ、こうした失敗や事故の予兆はいつも小さなもので、だからこそ多くの人が「まあ、このくらいは」「この程度のことは放っておいてもいいか」などと言って見過ごすというか、踏みつぶしてしまうことも多いのです。

　しかし、それは一方で「最初の予兆＝小さな失敗やトラブル、軽い事故」が起きた時、その原因をしっかりと調べて、小さな対策をとることができれば、「大きな失敗やトラブル、大きな事故」を防ぐことができることも意味しています。

　そのためにもぜひとも実行したいのが「予兆カード」の作成です。毎日の仕事の中で感じた「ヒヤリハット」や「小さなトラブル」という予兆の段階で、上司やチームリーダーにすぐに報告する習慣をつけたいものです。

　その際、これらは「口頭」で行うのではなく、「文書」で行うことが理想です。口頭での報告はスピードという点では優れていますが、肝心の報告内容にヌケやモレが生じる恐れもありますし、忙しい上司やチームリーダーが聞き漏らす恐れもあります。あとになって、「あの件だけどもう一度聞かせてくれる」となっては時間のムダですし、上司やチームリーダーが上の人間に報告する際に「伝言ゲーム」的な間違いが起きることもあります。

　それを防ぐためにはたとえ小さなヒヤリハットや小さなトラブルでも、文書にまとめて報告することが必要です。

　さらに重要なのは提出された「予兆カード」について、企業として必ずフィードバックを行うことです。ある鉄道会社がヒヤリハットの報告書を提出するように社員に求めたところ、最初は順調に提出されたものの、しばらくしてほとんど提出されなくなったということがあります。

　理由は「提出するだけ」に終わり、その後のアクションがなかったからです。単に「提出して終わり」なら忙しい社員は「出すだけムダ」と感じるのは当然のことです。そこで、同社では提出された予兆カードをみんなに見える廊下に貼りだした（「見える化ロード」と名付けました）うえで、上司が「対策と期日」を書き込むようにしました。

　以来、予兆カードは積極的に提出されるようになり、事故も減ることになりましたが、失敗を防ぐためには「予兆カード」の提出に加え、「すぐに対処する」ことが効果的なのです。

基本的行動
　「予兆カード」の作成と、「すぐに対処する」を習慣にしよう。

クレームの知識化、教訓化を

　お客さまからのクレームも「失敗」の一つと言えます。お客さまからのクレームというのは企業にとって厄介なもので、往々にして「クレーム処理」という言い方がされるように、クレームが来たら何とか穏便に済ませて早々に片づけてしまおうと考える企業もなかにはあります。

　そこにあるのはとりあえず目の前のお客さまだけ納得させてしまえばいいという考え方ですが、一件のクレームの背後には何十倍もの不満を抱えたお客さまがいるということを軽んじると手痛いしっぺ返しを食うことになります。

　アマゾンの創業者ジェフ・ベゾスがこう言っています。

　「満足を得られなかった顧客は現実の世界では五人の友人にその不満について話をするだけだが、インターネット上で顧客の期待に背くようなことがあれば、その顧客は5000人に不満を広めることになる」

　今の時代、インターネットを使えば、良い話は一瞬で広まりますが、同様に悪い評判も良い話を上回るペースで広まることになります。なかでもしばしば目にするのが、お客さまが商品やサービスに不満を持ち、企業に連絡したところ、その対応がまずく、

頭にきたお客さまがネット上に書き込みをして、最初はごく小さなトラブルだったものがまたたく間に多くの人が知ることになる、というケースです。

　小さな失敗も初期の対応を間違えると、とてつもなく大きな失敗になるのが今という時代です。それを防ぐために心がけたいのが「クレームの知識化、教訓化」です。

１．解決システムを構築しよう

　クレームを「厄介者」と考えず真摯に受け止めましょう。原因を追究し、再発を防止するための対策を構築します。

２．類似クレームを調査しよう

　小さな失敗は似たような事例がいくつもの場所で起きています。「自分のところ」以外に似たようなクレームがないかを調査しましょう。

３．クレーム対策チームの発足

　対策チームをつくり、クレームの一つひとつについて真因を調べ、対策を立てます。失敗やクレームを放置することは、結局は「高くつく」ことになるのです。

　クレームに対しては、目先の対処で終わりがちですが、それでは失敗から学ぶことはできません。小さなクレームにも真摯に対応し知識、教訓として残していくことが大きな失敗を防ぐことにつながるのです。

基本的行動
　クレームは「処理」するのではなく、原因を調べて再発防止を。

治療より予防を心がける

　「失敗」というと、どうしても「失敗をした後、どうするか？」が中心になりがちです。

　たしかに失敗をした時には、責任追及よりも原因追及を優先し、「どうやって失敗を回復するか」という対策を立てることがとても大切になりますが、それ以前の「そもそもどうすれば失敗がなくなるのか」を考えて対策を立てることができれば、失敗の数を減らすことができます。

　これが「治療より予防」という考え方です。

　トヨタ式において機械設備が故障したり、異常が生じた時は、現場の判断でただちに設備やラインをストップさせます。すぐに監督者が飛んで来て原因を調べますが、自分たちだけでは修理が無理となると保全係を呼んで修理をしてもらいます。

　このように故障してから直すのが「事後保全」ですが、それとは別に故障を未然に防ぐための「予防保全」があります。人間で言うところの「予防医学」のようなものです。

　三つあります。

1．機械設備の劣化を防ぐ日常点検（給油、清掃、調節、点検）

２．劣化測定のための定期点検や定期診断
３．劣化を早期に復元するための修理や交換

　人間は日ごろから食生活などに気をつけ、定期的な健康診断を受け、ちょっとでも異常があればすぐに病院に行くことを心がけていれば、仮に病気になったとしても、早期発見・早期治療が可能になり、大事に至ることはありません。

　同様に機械設備などについても日ごろからこうした予防保全をしっかりと行っていれば、壊れることを未然に防ぐことができるようになります。

　機械設備が壊れた時、素早く修理することももちろん必要ですが、それ以上にそもそも故障しないように早め早めの点検や補修を心がけるべきだというのが、トヨタ式が大切にしている「治療より予防」という考え方です。

　機械設備の故障という失敗を防ぐためには「治療より予防」が効果的なように、他の失敗についても「治療より予防」を心がけることで失敗そのものを未然に防ぐことができるようになります。

　そのためにも失敗をした時には、真因を調べて、対策を立てるという「再発防止」を徹底しますが、それができたら次の「未然防止」も行います。未然防止というのは一度起きた失敗と類似の失敗が起きないようにすることですが、同時に再発防止策についても「きちんと機能しているか」「不具合は起きていないか」を点検することで失敗を予防することができるようになるのです。

　基本的行動
　失敗が起きた後の対策だけでなく、起きないための対策も考える。

安心して報告できる環境づくり

明るい職場は失敗が隠れない

　企業において「内部通報」が機能しないのは、通報された内容について真摯に対応しないどころか、「誰が通報したのか」という「犯人捜し」に躍起になり、通報した人間に対して「絶対潰してやる」などと脅しをかける人間がいるからです。

　失敗についても肝心の「原因究明」を後回しにして「責任追及」に躍起になるような企業では、小さな失敗は隠され、大きな失敗さえ見て見ぬふりをしているうちに取り返しのつかないことになってしまいます。

　ある人が「上司が明るくニコニコしている職場ではミスや失敗が多い」と話していました。

　「ミスや失敗が多い」と聞くと、上司に威厳がなく、部下を厳しく指導していないから部下がミスや失敗をすると誤解する人もいるかもしれませんが、実はそうではありません。

　その人によると、上司が眉間に皺をよせて、いつも不機嫌そうにしている職場では、部下はミスや失敗をしたり、気づいたとしても、上司に怒られるのが嫌で、失敗やミスを報告せず隠そうとします。

　反対に上司が明るくニコニコしていると、部下はミスや失敗に

ついて隠すことなく報告するようになるので、表に出る失敗やミスは明るい職場の方が多いものの、暗い職場では失敗やミスが隠されるため、実は失敗やミスの報告が少ない方が危険だということになります。

　同様の傾向はハーバード・ビジネス・スクールの行った調査でも出ています。アメリカの二つの病院における投薬ミスについて調査したところ、厳格な看護師長が率いる非難が日常茶飯事の「懲罰志向」のチームでは、看護師からのミスの報告は少なかったものの、詳しく調べてみると実際にはほかのチームより多くのミスを犯していたと言います。

　一方、非難傾向が低いチームでは、ミスの報告数は多いものの、詳しく調査すると、やはりミスの数は懲罰志向のチームより低かったと言います。次のような結論に達しています。

　「非難すると、相手はかえって責任を果たさなくなる。ミスの報告を避け、状況の改善のために進んで意見を出すこともしなくなる」

　つまり、罰則をいくら強化したところでミスそのものが減ることはなく、非難を恐れてミスの報告が減るだけなのです。これでは失敗から学ぶ機会はなくなり、同じミスが繰り返されることになるのです。

　失敗から学び、失敗を活かすためには、失敗やミス、異常などについて安心して報告できる環境づくりが不可欠なのです。そのためにも職場のリーダーは明るく振舞うことが大切なのです。

基本的行動
　誰もが安心して失敗の報告ができる明るい職場づくりを。

トップは率先して
「失敗」に耳を傾けろ

　明るい職場では失敗やミスが隠されることなく報告されるのに対し、暗い非難志向の職場では失敗やミスは隠されることになります。失敗から学ぶためには、職場のリーダーは社員に安心感を与える存在であることが求められますが、こうした職場の雰囲気を大きく左右するのがトップのありようです。

　パナソニック（当時は松下電器）がまだ社員数百名の町工場だった頃の話です。一人の社員が製品を扱ってくれる問屋の主人からものすごく叱られました。同社の製品の評判が悪く、小売店から返品を食らったというのです。

　問屋の主人は「こんな品物をつくるくらいなら、焼き芋屋でもやっておけ。それが松下には手ごろな仕事だ。帰ったらオヤジにそう言っておけ」

　普通はこれほどの悪い報告が社長にそのまま伝えられることはないでしょうが、当時のパナソニックはよほど風通しが良かったのか、社員は言われた通りに社長の松下幸之助さんに報告、松下さんは問屋を訪問して謝罪しました。

　恐縮したのは問屋の主人です。まさかそのまま伝えると思わなかった主人は「腹を立てないでくれ」と言い、松下さんは「これ

から注意して、なおいいものをつくりますから」と話し、以来、両者はとても親しい仲になりました。

松下さんは、上意下達も大切ですが、下意上達はさらに大切だと考えていました。こう言っています。

「社長の考えていることが少しも下に通じない、そういう会社は、概してうまくいっていないようです。また逆に、下意が上達していない会社は、さらによくないと思います」

トップの方針が下にうまく伝わらないのもたしかに困りものですが、それ以上に怖いのは下からの情報、特に失敗などの悪い情報が上に正確かつ迅速に伝わらないことです。トップの周りにトップの仲間やご機嫌取りばかりが集まっていると、良い情報はすぐに伝わるものの、悪い情報は伝わらなくなり、結果的に間違った判断をして経営がおかしくなるというのはよくあることです。

それを防ぐためにもトップは率先して悪い情報に耳を傾ける必要がありますし、トップ自身が悪い情報を報告してくれた部下に対し「ありがとう」を言うくらいで初めて悪い情報は上に正確に伝わるようになるのです。

「部下は上司を三日で見抜く」という言い方があるように、社員はいつだって上の人間の言動をよく見ています。

「失敗を恐れず挑戦しろ」や「バッド・ニュース・ファースト」という言葉に嘘はないかを見ているだけに、失敗から学び、失敗を活かすためにもトップは「有言実行」であることが何より大切なのです。

基本的行動
　トップは「悪い情報」こそ大切にしよう。

第3章

失敗を活かす仕事術

失敗の原因は
「外」ではなく「内」に求める

　本章では会社という大きな組織ではなく、個人やチームレベルで失敗から学び、失敗を活かすやり方についてまとめてみます。

　個人やチームが失敗から学ぶうえで守らなければならない原則の一つに「失敗の原因を外ではなく内に求める」という姿勢があります。

　仕事に限らず、スポーツなどでも期待通りの成果が出なかった時、「あいつが肝心なところでエラーをしたからだ」と誰かの責任にしたり、「忙しすぎて準備をする時間がなかった」と言い訳をしたり、あるいは「今日は相手が良すぎた」などと相手のせいにして「自分の失敗」を決して認めようとしない人がいますが、これでは失敗から学ぶことはできません。

　あるお笑い芸人が売れなかった頃の自分を振り返ってこんな話をしていました。

　「自分にはお笑いの才能があるのに売れないのは相方が悪いからだ、自分の笑いを理解できないお客が悪いなどと他人のせいにして自分の技術の不足と決して向き合おうとしなかった」

　「自分には才能があるのに」という前提に立つと、売れないのはすべて他人のせいになりますが、ある日、先輩の芸人から自分

の技術のなさを指摘されたことで自分の才能のなさと真剣に向き合うようになり、そこから売れるようになったと話していました。

　ある販売会社が商談がまとまらなかったケースについて、調査会社に依頼して担当者の理由とお客さまの理由を調査したところ、そこには大きな食い違いがあったといいます。

　販売会社の社員の多くは商談がまとまらなかった理由を「お客さまの都合」「ライバルが強力」「製品力が弱い」「景気が悪い」などすべて「外」に求めていたのに対し、お客さまは「約束の時間を守らなかった」「服装や態度が嫌だった」「説明が分かりにくい」など「社員」に起因する理由を挙げていました。

　商談がまとまらなかったという失敗の原因を「外」に求めれば自分の失敗を認める必要がないだけに楽でいいのですが、原因が自分にはどうしようもない「外」にある限り改善の余地はありません。「景気が悪くて売れない」が理由では誰も景気を自力で良くすることなどできません。

　反対に失敗の原因を「自分」に求めれば、失敗を認める辛さはあっても、自力で改善していくことができます。

　前章でも触れたように失敗の原因は何層にもなっているだけに、「すべて自分のせい」ということは滅多にありませんが、少なくともすべてを他人のせいにして逃げるのではなく、原因の中から自分にできることとできないことを分け、できることを可能な限り改善していきます。それだけでも失敗を防ぐことができるし、失敗を成果へと変えていくことができるようになるのです。

基本的行動
　失敗の原因を「内」に求めるからこそ失敗から学ぶことができる。

「失敗する勇気」を持とう

　失敗から学び、失敗を活かすうえで頭に入れておきたいのが『嫌われる勇気』で知られる心理学者アルフレッド・アドラーの「勇気」については考え方です。

　「人生の問題に対処することが、勇気があることである」と言うアドラーは勇気には三つあると考えていました。

１．不完全である勇気

　自分はいつも完璧ではなく、失敗することもある不完全な人間だと認めてこそ、行動を起こすことができます。

　「自分は失敗しないので」と思い込んでいると、失敗して誰かに非難されたり笑われるのは嫌だと思い、つい行動をためらうようになります。

　あるいは、「自分が優れた人間だ」という思いが強すぎると、やはり失敗の恐れのあることはできなくなり、行動を回避するようになります。

　これでは肝心な一歩を踏み出せなくなってしまいます。

２．失敗をする勇気

　人生は常に成功が約束されているわけではありません。同時に

最初から成功が約束されているようなものを「挑戦」と呼ぶこともできません。

　難しい課題や初めての課題に挑戦すれば、失敗することもありますが、失敗を恐れて人生の課題に挑戦しないのは「勇気がない」ことになります。

　難しいことや新しいことに果敢に挑戦して、失敗から多くのことを学んで成長するのが「失敗する勇気」です。

３．誤っていることが明らかにされる勇気

　失敗したことを自分で認めることで、人は成長することができます。メンツを重んじて失敗を認めないのは、自分にしか関心のない人です。

　このような三つの勇気を持つ人は、仕事においても、良きビジネスパーソンとなることができますし、良き友人、良きパートナーとなることができるというのがアドラーの考え方です。

　失敗をするというのは誰でも嫌なものです。だからといって、失敗を恐れて慣れていることや、成功が約束されていることばかりを続けていては新しいものを生み出すことはできませんし、成長することもできません。

　ある人がビジネスパーソンは仕事で失敗したとしても、すべてを失うわけではないのだから、会社のお金や人を使ってどんどん挑戦した方が良いと話していましたが、そんな「失敗する勇気」を持つことは自分の可能性を広げるチャンスでもあるのです。

基本的行動
　「失敗する勇気」を持って思い切って挑戦しよう。

失敗したら「失敗したあ」と 大きな声を出せ

　かつて私がお会いしたある地方銀行のトップは新入社員の入社式でいつもこの言葉を口にしていました。

　「失敗したら『失敗したあ』と大きな声を出しなさい」

　トップは新入社員に対して、いつも新しいことに果敢に挑戦することの大切さを説いていました。銀行というとどうしてもお堅いイメージがあり、新入社員も「言われたことは着実にこなすけれども冒険はしない」という優等生タイプが少なくありませんでした。

　しかし、それでは厳しい時代を生き残っていくことはできません。だからこそトップは新しいことに挑戦する大切さを説いていたわけですが、その際、必ず付け加えていたのが失敗した時には「失敗したあ」と声を出せというものでした。

　理由は「人は失敗を隠そうとする」からでした。

　第1章でも触れたように失敗を「悪いもの」「恥ずかしいもの」と思い込んでいると、たとえ小さな失敗であっても人に知られたくないとつい隠そうとしてしまいます。

　特に小さい頃から成績が良かった優等生であれば、仕事で失敗をした時など「叱られたら嫌だなあ」「仕事ができないと思われ

るんじゃないか」という気持ちから隠そうとしたり、自分一人の力で何とか処理しようとするかもしれません。

　たしかにその時は良いかもしれませんが、やがて小さな失敗が大きな失敗になったり、失敗を貸そうとしたことがみんなに分かるとかえって問題は大きくなってしまいます。

　失敗というのは隠そうとしてもいつかは表に出るものですし、一人で何とかしようとすればやがては手に負えないほど大きくなるというのも失敗の持つ特徴の一つです。

　そうならないためにも、失敗をしたなら、その場ですぐに「失敗したあ」と大きな声を出した方がいいというのがトップからのアドバイスでした。

　「失敗したあ」と大きな声を出せば、失敗したことが上司や先輩に分かります。その時は恥ずかしい思いをするし、「何やっているんだ」くらいは言われるかもしれませんが、新入社員の失敗を厳しく罰する上司はいません。

　「何をやっているんだ」と言いながらも上司や先輩は必ず助けてくれますし、新入社員も失敗からたくさんのことを学ぶことができます。

　第2章で失敗を「見える化」することの大切さに触れましたが、個人でも失敗した時には隠そうとせず、失敗を表に出すようにしましょう。失敗したことを認め、失敗を表に出すからこそ失敗から学ぶことができるし、周りの人たちも知恵や力を貸してくれるのです。

基本的行動
　失敗した時は隠さず表に出そう。

044 失敗の拡大再生産

小さな失敗を軽んじるな

　失敗をした時には、その原因をきちんと調べて、同じ失敗が起きないように徹底した対策を行うことが必要です。もしこれを怠れば、失敗の原因は放置されたままですから、いずれ同じ失敗が起きるのは当然のことです。そして、同じ原因で同じ失敗を繰り返していくと、らせん状に悪循環を起こし、失敗は徐々に大きくなり深刻化していくことになります。

　これが「失敗の拡大再生産」です。

　では、これを防ぐためにはどうすればいいかというと、小さな失敗を軽んじることなく、原因究明と再発防止策をきちんと実施することが何より大切になります。

　にも関わらず、小さな失敗というのはどうしても「このくらいはいいか」「この程度のことに目くじらを立てなくても」などと言って見過ごされるケースが少なくありません。

　「小事は大事」という昔から言われてきた言葉があります。

　「日本の資本主義の父」と呼ばれる渋沢栄一さんがこんなことを言っています。

　「軽視した小事も積み重なって大事となる。時としては小事が大事の端緒となり、一些事と思ったことが、後日大問題を引き起

こすことがある」

　だからこそ渋沢さんは、「これは小事だ、これは大事だ」など
と区別することなく、どんな時にも「同じ態度、同じ思慮」を
持って対処するようにしていたと言います。

　問題が起きた時には、それがどんな小さなものでも大問題を解
決する時と同じ態度で臨んできちんと対処します。そうすれば、
小事は小事のままに解決し、大事を引き起こすことはないという
のが渋沢さんの考え方でした。

　富裕層向けの金融商品を販売している人によると、富裕層の中
には「何月何日の何時に電話をかけてくれ」と細かく指定する人
がいると言います。言われた時間ぴったりにかけると、相手から
は「君にすべて任せる」と言われることが多かったと言います。

　理由は「小さな約束をきちんと守ることのできる人間は信用で
きるが、小さな約束さえ守れない人間にお金を預けるわけにはい
かない」からです。大切なのは小事とも言える小さな約束をきち
んと守るかどうかであり、小事を軽んじる人が大事に対処できる
はずがない、ということです。

　仕事をしていれば日々、小さなミスや失敗は必ず起こります。
そんな時、「このくらいはいいか」と流してしまうようでは失敗
から学ぶことはできません。

　小さな失敗であっても一つひとつ原因を調べて再発防止策を講
じることを習慣にします。その習慣があってこそ大きな失敗にあ
たっても正しく対処できるようになるのです。

基本的行動
　小さな失敗に際しても真因究明と再発防止を忘れずに実行しよう。

「失敗やミスは起きるもの」と考えよう

　仕事に限ったことではありませんが、計画を立てる時に必要なのは「計画通りにいかなかったらどうするか？」も考えておくことです。

　日本初の第一次南極越冬隊の隊長を務めたほか、日本最初の原子力発電の開発などに携わった西堀栄三郎さんがある時、新しいプロジェクトのリーダーとなった部下から綿密に立てられた計画表を見せられ、こう言いました。

　「うん、よくでけた計画や。しかし、計画は計画通りにいかんもんや。思いもよらんことが起こるぞ。その時こそが大事やぞ。君があわてふためいてはいかん。平常心を持って事に当たれ。そうすれば必ず途が開ける」

　西堀さんは技術者としても、探検家としてもたくさんの「日本初」に関わっています。当然、リスクを減らすために常に綿密な計画を立てていましたが、一方で完全な計画、完全な準備は不可能だということもよく知っていました。

　理由は「これからやることは、知らない新しいことであり、必ず思いもよらないことが起こる」からです。だからといって、「やらない」という選択肢はありません。

　やる以上は、「思いもよっているもの」についてはとことん準備し、計画を立てます。「思いもよらないこと」については準備も計画もできませんが、その際の支えは「思いもよる計画や準備はすべてやった」という自信と、「思いもよらないことは必ず起きる」という心の備えです。その二つがあれば、思いもよらないことにも冷静に対処できます。

　西堀さんによると、最も怖いのは「計画や準備は完全無欠だ」と思う「過信」なのです。

　日々の仕事においても同じことが言えます。トヨタのある管理職がこんなことを言っていました。

　「現場では、何が起こるか分かりません。僕は、何百、何千という現場を見ていますけど、何も起こらない現場は一つもない」

　人間が作業をやる以上、調子が悪ければ、思うように作業はできませんし、ついうっかり何かを忘れることもあります。機械だって保守点検を怠れば動かなくなります。

　大切なのは「失敗やミスは絶対に起きない」などと過信したり、期待したりするのではなく、「失敗やミスは起きるもの」という前提に立ってきちんとしたシステムを構築し、人間のミスや失敗をフォローする態勢をしっかりととるようにすることです。

　「失敗やミスは起きない」と考えるから、失敗を防ぐ手段もとらないし、失敗を隠そうとするのです。人は失敗をするしミスもします。だからこそ、「失敗やミスをどうすれば防ぐことができるか」を考えることができるのです。

基本的行動
　失敗を防ぐためにも「失敗やミスは起きて当たり前」と考えよう。

「根拠のない期待」は排除しろ

　失敗から学び、失敗を活かすうえで絶対にやってはならないことの一つが「根拠のない期待」をすることです。

　企業で何か問題が起きた時、会議で次のような会話が交わされたことはないでしょうか。

　「急いで何かするのではなく、もう少し様子を見た方がいいんじゃないか」

　「もう少し待てば状況が良い方に変わるかもしれないからあまり大騒ぎしない方がいいんじゃないか」

　要は「今は何もせず静観する」ということです。

　待つことで状況が良くなるとか、問題が解決するという「確たる根拠」があればそれもいいでしょうが、そこに何の根拠もなく、単なる「期待」に過ぎないとしたら、それは「根拠なき期待」であり、結果的には事態を悪化させることになります。

　企業のリーダーに必要なのは問題が起きた時には、たとえ小さな問題でも「きちんとした心構えで臨む」ことです。「そのうち何とかなるだろう」「たいした問題にはならないだろう」といったばかげた期待を持つのではなく、「最悪のシナリオ」を考えて現実的な判断を行うことです。

　「根拠のない期待」は時に企業の存続さえ危うくするのです。

　「根拠のない期待」は日々の仕事でも抱きやすいものです。

　商談やプレゼンテーションに臨むにあたって、明らかな準備不足にも関わらず、「この前も準備不足だったけど、何とかうまくいったので、きっと今回も大丈夫だろう」と何の根拠もなしに考えたことはないでしょうか。

　あるいは、今月の売上目標が見通せないにも関わらず、「前にも月末ぎりぎりで何とかなったことがあるから今月も大丈夫じゃないかな」などとやはり根拠のない期待で安心しきってはいないでしょうか。

　こうした根拠のない期待はしばしば裏切られ、商談やプレゼンテーションで失敗をしたり、売上目標を達成できないという失敗につながるわけですが、失敗に際して「根拠のない期待」を持つと、その失敗はより大きな失敗につながります。

　仕事で失敗した時、「このくらいの失敗は隠しても上にばれることはないだろう」「たいした失敗じゃないし大事にはならないだろう」「小さな失敗だし、自分の力で何とかできるはずだ」などと自分に言い訳をして上司に報告をせず、失敗を隠したことはないでしょうか。

　そこにあるのは「根拠のない期待」であり、「何とかなって欲しい」という「勝手な思い込み」にすぎません。しかし、往々にして「根拠のない期待」は裏切られるものです。失敗の対処に最も危険なのが自分勝手な思い込みなのです。

基本的行動
　失敗の対処では「最悪のシナリオ」を考えて現実的な判断を。

間違った規則は「破る」
のではなく「変えて」いこう

　「間違った規則は変えなければならない」というのは正しい考え方ですが、その際、手順を間違えると思わぬ失敗につながるだけに注意が必要です。

　学校の校則の中には「えっ、今どき」というような時代遅れのものがあり、時に「ブラック校則」として話題になることがありますが、企業、特に歴史のある企業などにも「えっ、なぜこんな規則が」と驚かされるものがあります。

　あるメーカーでは工場の中に張り巡らされたさまざまなパイプがそれぞれの用途別にペンキで色分けされていました。工場がまだ小さかった頃にはそれはとても分かりやすく便利なやり方でしたが、工場の規模が大きくなり、何か所にも工場を持つ今も同様のやり方を続けていたためペンキを塗るだけでも大変でした。

　そのムダに気づいたトップが「これからはペンキの代わりに何メートルかおきにテープでも貼ったらどうだ」と提案したことでペンキを塗る作業から解放されることになりましたが、こうした「過去に決めた規則」の中には「今やムダを生むだけ」のものが少なくありません。

　このような今の時代に合わないものや、もっと良いやり方があ

る時、その規則ややり方を変えたくなるのは当然のことですが、その際、やってはいけないのが「自分一人の判断で勝手に変えてしまう」ことです。これは失敗の危険があるただの「ルール破り」であり、正しいやり方とは言えません。

　仕事を安全確実に進めるために決められるのが標準作業やマニュアル、ルールなどです。たとえば、工場などで階段を上る時、「一段ずつ手すりを持って上る」といったルールは往々にして破られがちですが、それが時にケガにつながるというのもよくあることです。

　仕事の進め方についても、本来なら標準作業に従って「この作業はこの順番で何秒で行う」と細かく決められているにも関わらず、「この方が速いから」と手順を飛ばしたり、あるいは「この作業は二人で相互チェックを」と決められているのに、「忙しいから」と一人でやることがありますが、これらはすべて自分勝手なルール破りとなります。

　その時は問題が起きなかったとしても、そこに失敗の危険性があるのも事実です。

　ルールや標準作業を守って仕事をしている時、不便を感じたなら、そのままにせず、「もっと良いやり方はないか」と考えます。そのうえで考えたやり方を上司に提案をします。こうした習慣を身につけることで、仕事の質は上がり、「ルール無視」の失敗も防ぐことができるようになるのです。

基本的行動
　ルールや標準作業に不便を感じたら手順を踏んで変えていこう。

未来の自分に向けた
「引き継ぎ書」を

　仕事における失敗というのは、たとえば新人時代の一度の失敗は許されますが、同じ失敗を二度も三度も繰り返すようだと、ビジネスパーソンとしての力量を疑われ、上司や取引先からの信用を失うことになりかねません。

　失敗を繰り返さないためにやっておきたいのが未来の自分に向けた「引き継ぎ書」を書くことです。

　学生時代のノートは「覚えるため」であり、勉強のためですが、社会に出てからのノートに書くべきは二つあります。

　一つは会議や打ち合わせ、商談や面談などのメモです。日付や時間はもちろんのこと、出席者の名前や会社名、役職などもメモしておけば、初対面の人でも顔や名前を覚えるのに役立ちます。

　内容についても「誰が」「いつまでに」「何をするか」をきちんとメモしたうえで、自分の感じたことや意見などもメモしておくとよいでしょう。

　もう一つは、一つの仕事を終えた後の振り返りです。次の三つを記入します。

１. 手順やポイントを書いておく

　新しい仕事が無事に終わったら、手順やポイントを書いておき

ます。取引先を訪問しての商談であれば、事前にどのような準備をしたのか、といった点も記入しておくと、次からは仕事がスムーズに進み、失敗を防ぐことができます。

2．「良い点」と「悪い点」を書いておく

仕事を終えた後は、「良い点」と「悪い点」をそれぞれ書き出しておくと、良い点は励みになるし、悪い点は次の仕事に向けての改善点となります。

たとえば、「うまくいったこと」と「うまくいかなかったこと」、「良い情報」と「悪い情報」、上司やお客さまに「褒められたこと」と「注意されたこと」、自分なりに「頑張ったこと」と「反省すること」などを書き出してみましょう。

3．「ヒヤリハット」を書いておく

ここでいう「ヒヤリハット」というのは、失敗やトラブルにはならなかったものの、「危なかったな」と感じたものです。たとえば、取引先に行く交通手段を細かく調べなかったため、危うく遅刻しそうになった、などを指します。幸い今回は大丈夫だったものの、「これは危ないな」と感じたら、それを記入しておくことで失敗を未然に防ぐことができます。

書類作成で「日付」や「金額」などを間違えそうなら、そのコピーを貼り、赤で囲っておくと以後、同じ失敗はなくなります。

このように一つの仕事を終えるたびに「記録に残す」習慣をつければ、二度三度と同じ失敗をすることを防ぐことができます。

基本的行動

新しい仕事を終えたなら、自分への「引き継ぎ書」を書こう。

三つの失敗はこう防ぐ

　仕事でミスや失敗をする人に対して「慎重さが足りないから」「集中力がないから」などと思ってはいないでしょうか？　たしかに慎重さが足りなくて失敗やミスをする人はいますが、日々、たくさんの仕事をこなさなければならないビジネスパーソンにとって「慎重に仕事をする」ことも、「ずっと集中力を維持する」こともとても難しいことです。

　日々、次々と来る仕事をこなすのに手いっぱいという状態では、慎重さも注意深さもどこかで抜け落ちてしまいます。そんなミスや失敗を防ぐうえで必要なのは「注意を徹底する」ことでも、「もっと集中する」ことでもなく、「失敗を防ぐことのできる仕組み」を導入することです。

　ミスや失敗の多い人の代表的なミスと失敗三つについて、どうすれば防ぐことができるかをまとめてみます。

1．いつも締切りに遅れてしまう

　仕事を終わらせるのがいつも「締切りギリギリ」になったり、「締切りに遅れる」人がいます。さぼっているわけではないのになぜかいつも締切りに遅れる人が取り入れたいのが、本来の締切日の少し前に「仮の締切日」を設けるやり方です。そのうえで

「この仕事は何日かかるか」を考えて「着手する日」を設けます。こうすることで「先送り癖」を防げば本来の締切りに遅れることは少なくなるはずです。

２．仕事の手順や順番を間違えたり抜かしてしまう

　大切なプレゼンテーションや会議などに臨む場合、本番はもちろんのこと、その前段階の準備が大切になります。自分一人の準備だけでも大変なのに、そこに出席者への連絡や会場の手配なども加わったら大変です。

　この場合、手順を間違えたり、抜かしたりしないためには、仕事の手順を「時系列」で書き出して、チェックシートをつくり、一つひとつチェックしていくととても効果的です。一つひとつの仕事を書き出すことで頭の整理にもなりますし、自分が「いつまでに、何をやればいいか」もはっきりと理解できるだけにミスや失敗は格段に減ってきます。

３．似たようなミスや失敗を何度も繰り返す

　同じようなミスや失敗を繰り返す人の特徴は、ミスや失敗をした時に「なぜ？」を問いかけることなく、「次は気をつけよう」という単なる精神論で片づけてしまっているからです。

　ミスや失敗をしたら、その日のうちに「いつ、どんなミスや失敗をしたのか」を書き出して、「なぜ起きたのか？」「どうすれば防ぐことができるのか？」を文章でまとめます。文字にすることは頭の整理になるだけでなく、自分を客観視できるだけに、再発防止にとても効果的です。

基本的行動
　失敗やミスを防ぐための自分なりの「仕組み」をつくろう。

自主的に働く習慣が
失敗を減らす

　失敗を防ぐためには、「次から気をつけよう」「もっと集中しよう」といった精神論に頼るのではなく、失敗を未然に防ぐ仕組みを考案することが効果的ですが、もう一つ大切なのは、「自主的に働く」習慣をつけることです。

　自分が今やっている仕事について「つまらない仕事だなあ」「楽しくないなあ」と思っていると、集中できずに失敗をしてしまうことが多くなります。

　所詮は「やらされ仕事」であり、こうした受け身の姿勢では、①仕事がつまらなくなる　②やる気が出ない　③仕事に集中できなくなる　④集中できずに失敗をするという悪循環を繰り返すことになります。

　こうした人の場合、たとえ失敗をしたとしても、「自分の責任」と捉えることはなく、失敗を他に転嫁しがちです。

　「上司の指示の仕方が悪いから失敗してしまった」

　「仕事が多すぎて失敗してしまった」

などと責任を他に転嫁しているうちは失敗と向き合うこともなく、失敗から学ぶことはありません。結果、「やらされ仕事」だという意識のまま仕事をこなしているうちは同じような失敗を何

度も繰り返し、仕事がますますつまらなくなってしまいます。評価も下がります。

　反対にどんな仕事でも自分が「納得」して働く人の場合、すべては「自分の仕事」ですから、仕事に対して積極的な姿勢で臨むことができます。

　自主的に働けば、①この仕事は「もっとこうしたらどうだろう」と考え工夫したくなる　②仕事への意欲とやる気が湧いてくる　③仕事に集中して一生懸命取り組むようになる　④失敗は減り、成果が上がるようになるという好循環が生まれます。

　こうした人の場合、たとえ失敗したとしても、それは「自分の責任」であり、「なぜ失敗したんだろう？」「どうすれば失敗を防ぐことができるのだろう？」と考えることができますから、失敗から学び、失敗を活かすことで同じような失敗を繰り返す可能性は低くなります。

　では、自主的に働くためには何が必要なのでしょうか。最も効果的なのが、自分のやっている仕事について「もっと楽にできる方法はないか？」「もっと良い方法はないか？」と「改善案」を考える習慣をつけることです。

　すると「言われてやる仕事」は「自分で考えてやる仕事」に変わり、仕事にやりがいや意義を感じることができるようになります。「自分の仕事」なら誰もが一生懸命にやるようになり、それだけで失敗は随分と減ることになるのです。

基本的行動
　常に考え、自主的に働く習慣を身につけよう。

「教えたつもり」「分かったつもり」に気をつけろ

　「教えるということは、部下に『分かったか』と聞いてはいけない」はトヨタ式の基礎を築いた大野耐一さんの言葉です。

　日本人の特徴の一つかもしれませんが、ビジネスでも、スポーツでも上司や監督、コーチなどが部下や選手に細かくあれこれ指示を出して、「分かったか？」と聞くと、たいていの場合、全員が声を揃えて「分かりました」と答えます。

　その言葉を聞いてほとんどの上司や監督、コーチは「よし」と安心するわけですが、いざ本番になって、指示通りのことができず、「こいつらちっとも分かっていないじゃないか」と落胆させられるというのはよくあることです。

　「分かったか」と聞けば、ほとんどの人は「はい、分かりました」と答えます。理由は「分かりません」と正直に答えた場合、「どうして分からないんだ」と怒られるのが嫌というのもありますし、みんなが分かっているのに、自分一人理解力がないと思われるのも嫌だからです。

　そのため、「分かったか」と聞かれれば、反射的に「分かりました」と答えてしまうわけですが、実際には「分かっていない」こともあるだけに、失敗を防ぐためには教える側は部下の「分か

118

りました」を「分かっている」「できる」と錯覚しないことも大切になります。

　部下に仕事の進め方について簡単に説明しただけで、上司は「教えたつもり」になってしまいます。一方の部下は少しくらい分からないことがあっても、とりあえず「分かったつもり」になり、「できるつもり」で仕事に取りかかります。

　しかし、現実には初めての仕事や難しい仕事の場合、「一回説明したから分かっているだろう」とはなりません。いくら頭で「分かったつもり」でも、いざやってみると思うようにいかないことも多いだけに、「分かったつもり」は失敗につながりやすいのです。

　こうした失敗を防ぐためにトヨタ式では「できるかどうかを目で確認する」という習慣があります。現場などの仕事を教える場合、上司がやってみせ、部下にやってもらうというのはよくあるやり方ですが、トヨタ式では部下が教えたことを本当にできるかどうか、体で覚えたなというところまでフォローし続けます。

　「やってみせ、やらせてみて、フォローする」ことで初めて「教えたつもり」「分かったつもり」からの失敗を防ぐことができるのです。同様に経験のある部下に対して、「これくらいはできるはず」「このくらいは分かっているだろう」も失敗を招きます。新しい仕事に取り組む時には事前にしっかりとした打ち合わせと確認を行います。本当の意味で「分かりました」となって初めて失敗を未然に防ぐことができるのです。

基本的行動

　「分かったか」と聞くな、「できる」かどうか目で確認しろ。

「他人の失敗」からも学べ：メール編

　自分が失敗した時にはひどく落ち込む人も、他人の失敗に関しては「バカじゃないの」などと冷静な傍観者でいることがほとんどです。

　「自分はこんな失敗はしないから」という過信もあるのか、まさに他人の失敗は「他人事」なわけですが、そんな時に「自分事」として考えることができれば、他人の失敗からもたくさんのことを学ぶことができるようになります。

　失敗というのはケースバイケースに見えても、そこに「共通点」を見つけ出すことができるというのが失敗学の考え方です。

　「この失敗はあれに似ているなあ」

　「これはあの失敗に似ているから、この点に気をつけた方が良いな」

と気づくことで、失敗を防ぐことができるようになるのです。

　たとえば、日常的に使っているメールにまつわる失敗は時にニュースになることもあれば、自分自身がそんな「失敗メール」を受け取った経験がある人も多いのではないでしょうか。代表的なものをいくつかご紹介します。

①メールを書いているうちにファイルを添付したつもりになり、

添付忘れのまま送信してしまった。

②途中で操作を間違えて書きかけのメールを送ってしまった。

③送信先を間違えて別の上司に誤送信してしまった。

④文中で漢字を誤変換したメールを送り、あとで気づいた。

⑤個人宛のメールを部署内に一斉送信してしまった。

⑥メールを使い回したところ、以前送った相手の名前が文中に
　残っていた。

　いかがでしょうか。自分自身はこうした失敗をしたことがない
としても、周りの誰かが似たような失敗をしていたり、あるいは
誰かから上記のようなメールが届いたという経験のある人は多い
のではないでしょうか。

　本来は数人の人に送るはずのメールを、操作を間違って何百人
もの人に送ってしまい、大切な情報が筒抜けになったという
ニュースなども目にすることもあるように、メールにまつわる失
敗はとても多いように感じます。

　にも関わらず、失敗を防ぐための「メールの作法」は案外知ら
れていませんし、他人の失敗を見て、「自分だったらこの失敗を
防ぐためにどうするか？」と考える人も少ないのではないでしょ
うか。

　自分以外の第三者の失敗を目にした時は「改善のチャンス」と
考える習慣こそが失敗を未然に防ぐことになるのです。

基本的行動

　メールにまつわる他人の失敗は「改善のチャンス」と考えよう。

成功した時にこそ反省しろ

　ここまで失敗した時の反省の仕方や学び方、活かし方について
まとめてきましたが、失敗した時と同じように大切なのが成功し
た時の学び方や反省の仕方です。

　オリンピックで二大会連続二種目制覇を成し遂げた水泳の北島
康介さんのコーチだった平井伯昌さんによると、「なぜできな
かっただけでなく、なぜできたかを考える」ことが勝ち続ける
うえでの大切なポイントになると言います。

　こう話しています。

　「試合で泳いだ後、成績が悪かったり、ミスをした時には、『ど
うしてダメだったのか？』、誰でもそう考えるはずだ。もちろ
ん、そうした反省も必要であることはたしかだ。だが、もっと大
切なのは、調子が良くて記録が上がった時に、『どうして良かっ
たのか？』と考えることである」

　コーチの役割は、選手のための目標を設定して、そのテクニッ
クを身につけさせるために、こんな練習をしようとプログラムを
組むことです。

　その結果、予定通りにすべてが順調にいくと、人はその結果に
満足して、反省や分析を疎かにすると言います。

　ところが、良かった原因や効果が上がった理由をきちんと分析しておかないと、調子が落ちてきた時に活かせなくなるのです。大事なのは悪くなった時のリカバリー能力で、そのためにも「なぜできないのか」ではなく、「なぜできたのか」という良い時の分析や反省が欠かせないのです。

　たしかに平井さんが言うように、たいていの人は悪い時、失敗した時の反省はしますが、成功した時、ものごとがうまくいった時の反省はほとんどしません。

　成功した、うまくいったという結果に目が行き、その過程を見ようとはしません。もしかしたらその成功は偶然の産物であり、まさに「運に恵まれた」結果だとしても、過程での失敗に目を向けることは「せっかくの成功にケチをつける」ことであるというのがよくある言い訳です。

　しかし、それでは運に恵まれた「偶然の成功」を「必然の成功」に変えていくことはできません。成功をより確実なものにしていくためには、成功をもたらした要因を探り、その過程にあった小さな失敗一つひとつに目を向け、改善すべきは改善していくことが何より大切なのです。

　失敗した時の反省は当然のことですが、成功した時にも「なぜ成功できたのか」「修正すべき点は何か」を反省できてこそさらに大きな成功を手にすることができるのです。

基本的行動
　成功した時にこそその要因と修正点を振り返れ。

失敗を反省したら
「次」へ向かえ

　失敗をしたらその真因を調べたうえで、「どうすれば同じ失敗を防ぐことができるか」という対策を考え実行することが必要になります。

　失敗は失敗のまま放っておくのではなく、しっかり反省してこそ失敗を活かすことができるわけですが、ここで気をつけたいのが失敗を反省するあまり、くよくよと思い悩んで次の行動が起こせなくなることです。

　たしかに誰にとっても失敗は嫌なものです。だからといって、失敗を怖がるようになっては何もできなくなってしまいます。京セラの創業者・稲盛和夫さんはこう言い切っています。

　「失敗した時も、決してクヨクヨと感性的な悩みをしてはなりません。十分に反省したのであれば、後は忘れてしまうことです。人生でも仕事でも、いつまでもクヨクヨと思い悩むことは、百害あって一利なしです」

　京セラを創業して世界的企業に育て上げた後、「au」ブランドで知られるKDDIを創業、さらに経営危機に陥った日本航空の再建に尽力した稲盛和夫さんはみんなが「経営の神様」と認めるほどの経営者ですが、若い頃は失敗の連続でした。

　中学の受験も大学受験も企業への就職も第一志望に合格したことは一度もなく、ようやく就職した企業も給料の遅配は当たり前という厳しい経験をしています。まさに失敗ばかり、不運続きの人生でしたが、ある日、くよくよ思い悩んでいる暇があれば、その分、仕事に打ち込んでみようと、目の前の仕事に打ち込むようになってからは人生が好転、その後の京セラの創業へと一気に突き進んでいます。

　以来、稲盛さんはこう考えるようになります。

　「感性的な心の悩みを払拭し、明るく前向きに新しい方向へ行動を起こしていくのです。失敗して良いのです。失敗をしたら、反省をし、そして新しい行動へと移る。そのような人は、たとえどんな窮地に陥ろうとも、後に必ず成功を遂げていくことができるのです」

　人間は失敗をするものです。失敗した時は当然、反省が必要ですが、そこで思い悩み立ち止まってしまうと、その後、新しい挑戦などできなくなってしまいます。

　ある人が「本当の挑戦は失敗をしてからだ」と話していました。初めての挑戦は何が何だか分からない中で行うだけに、言わば「怖いもの知らず」で挑むことができますが、失敗を経験した次の挑戦は怖さを知っているだけに勇気が必要になります。「それが本物の挑戦だ」というのです。

　失敗して反省したら、すぐに次に向かいます。何かを成し遂げるためにはいつまでもくよくよしている暇はないのです。

基本的行動
　失敗したら反省をして、迷わず新しい行動に移れ。

「朝令暮改」でも遅過ぎる

　ユーチューブでも大人気のお笑い芸人の中田敦彦さんの「前言撤回」が話題となりました。

　中田さんは日本から海外に移住するのを機に、ユーチューブを初めとするメディア出演時において、素顔で出るのではなく、「アバター」と呼ばれるキャラクターを使用して出演するという「顔出し引退」を宣言しました。

　大きな話題となる宣言でしたが、それから一か月も経たないうちに「顔出し引退を撤回します」と前言を早々に撤回したことで再び大きな話題となりました。

　撤回にあたって、中田さんは謝罪の言葉を述べることはなく、その理由を滔々と述べていますが、その内容はともかく、これだけ世間で話題になった顔出し引退宣言を一か月も経たないうちに撤回するという中田さんの決断の速さ、失敗したと思ったらすぐに修正する潔さには感心するばかりです。

　「これは失敗だったな」と気づいた時、すぐに失敗を認めて、方針を変えるというのはとても難しいことです。

　実際、企業の中には「これは明らかな失敗だな」と気づいても、「一旦、始めた以上は」「これだけお金も人もかけたのだか

ら」「これは社長肝いりのプロジェクトだから」などとあれこれ理由をつけて、決断を引き延ばし、さらに状況を悪化させるケースが少なくありません。

しかし、「明らかな失敗」が「止める」とか「修正する」ことを引き延ばしたからと言って「成功」に変わることはまずありません。失敗は失敗であり、大切なのは「これはダメだな」と思った時にすぐにやめたり、修正できるかどうかです。

その意味では中田さんの「変わり身の早さ」は見事であり、インターネットの持つ「反応がすぐに分かる」メリットを最大限に活かしたものと言うことができます。

アマゾンの創業者ジェフ・ベゾスがこう言っています。

「オンライン事業の素晴らしい点の一つは、何か間違ったことをしていないか、どうやったらもっとうまくやれるかという疑問に対する答えを顧客が教えてくれることです」

ある時、アマゾンのとった対応に対してユーザーからたくさんの不満が寄せられたことがあります。すると、ベゾスは即座に「我々の解決方法は間違っていました。考えが足りませんでした」という謝罪文を発表、新たな解決策をユーザーに提示しています。

企業も個人も、時に間違いを犯します。そんな時、すぐに失敗を認め、素早い対応ができるかどうかで企業や個人への評価も受ける損失もがらりと変わってきます。失敗への対応は「朝令暮改」でも遅すぎるというのが今という時代なのです。

基本的行動
失敗に気づいたなら、即座に次の行動に移れ。

「反省会」を開いてみよう

　失敗から学び、失敗を活かすためには、失敗と真摯に向き合うことが大切になります。

　そのために試みたいのが「反省会」を開くことです。

　パナソニックの創業者・松下幸之助さんがこう言っています。

　「平穏無事の一日が終わった時、自分が今日一日やったことは、はたして成功だったか失敗だったかを心して考えてみるということです」

　成功体験や失敗体験というと、大きなことを考えがちですが、そこまで大げさにしなくても、ごく普通の一日の中にも「小さな成功」もあれば「小さな失敗」もあります。

　日々の慣れたルーティンな作業であっても「ちょっとまずかったな」「とてもうまくいったな」という小さな成功や失敗を見出します。

　そのうえで、失敗についてはなぜだったのか」と反省を行い、成功については「今後はこうやって展開しよう」と考える習慣をつけることができれば、小さな失敗も小さな成功もその積み重ねによってやがては大きな進歩に結びつくのです。

　こうした日々のささやかな反省会を行う一方で、三か月に一度

とか半年に一度のペースでその間の仕事について反省する時間を持つことも効果的です。

たとえば、その間の「とてもよくできた仕事は何だったのか」「自分にとって思うような成果の出なかった仕事は何だったのか」を振り返ります。

そこには反省すべき点も、やり直したくなる気分になる仕事もあるかもしれませんが、こうした反省をすることによって今後の指針が見えてくるはずです。

１．自分がもっと力を入れることは何か

２．仕事をするうえで気をつける点は何か

３．積極的に学ぶべき点は何か

こうした点を意識しながら、次の三か月、半年に向かえば、それまでとは違う仕事のやり方ができるようになります。

「忙しくてそんな暇はない」かもしれませんが、そのための数時間はきっとかけがえのないヒントとなるはずです。

以上は個人による「反省会」ですが、失敗を隠すことなく、真摯に向き合うためにやりたいのが、一つの仕事が終わった後、チームのみんなで行う「反省会」です。

ポイントは「非難」や「責任追及」ではなく、「良かった点」と「反省すべき点」をオープンに話し合うということです。そこでは失敗もみんなで学ぶものとなり、対策についてもみんなが知恵を出し合うことでより良いものが生まれるはずです。

基本的行動

「失敗」について考える習慣を持とう。

失敗は考え抜くことで「知識化」しよう

　失敗を今後に活かすためには失敗を「知識化」することが大切になります。そのためには失敗に関する情報を正しく記録する必要があります。失敗学の権威・畑村洋太郎さんによると、失敗情報の記述は次の五つの項目について行います。

1．事象

　「どのようなことがあったのか」について書きます。

2．経過

　どのように失敗が進行したのか、ポイントになる部分をできるだけ詳しく書きます。

3．原因

　失敗を起こしたその時点で考えついた推定原因を書きます。

4．対処

　失敗に際してどのようなことをしたかという対処について書きます。

5．総括

　失敗がどんな内容のものだったのかの総括を書きます。

　畑村さんによると、大半の企業は一つ前の「対処」で終わり、対処に続いて「教訓」を書いて終わっていますが、それでは伝達

はできたとしても、失敗から学ぶには足りないと言います。

　失敗から学ぶためには、直接の失敗原因だけでなく、失敗を引き起こす組織の問題など全体を総括することが大切なのです。そしてここまでやって初めて、失敗活用に不可欠な「知識化」が可能になります。

　このように「失敗から学び、失敗を活かす」ためには徹底した失敗の分析と、そこから教訓を得ることが大切なのですが、それは自分の頭で考えてこそ身になるのではないでしょうか。

　2021年3月に病気のため亡くなった古賀稔彦さんはオリンピックに三大会連続で出場、金メダルと銀メダルを獲得した偉大な柔道家ですが、初めて出場したソウルオリンピックでは「金メダル確実」と言われながら三回戦で敗北しています。

　初めての挫折ですが、その時、古賀さんは徹底して敗北の原因を分析しています。それまでの古賀さんはコーチに言われるままに練習をしていましたが、結果、オーバーワークに陥り調子を崩してしまいました。「上からの指示に従うだけでは進歩はない」と悟った古賀さんは、自分で考え、自分で納得したうえで練習するようになり、それが後の金メダルにつながったと言います。

　まさかの敗北という失敗を機に、自己の内面と対話する日々を経てたどり着いた答えこそが古賀さんの選手として、指導者としての財産となったのです。失敗からの学びは失敗の原因を自分で考え抜き、自分の言葉にしてこそ意味あるものとなるのです。

基本的行動
　失敗は原因を自分でとことん考え抜くことで知識化できる。

仕事の流れを知ることが
失敗を防ぐことになる

「全体最適」と「部分最適」という言い方があります。

「部分最適」というのは、自分の部署だけ、自分の工程だけの能率を考えることですが、時に部分最適を追求するあまり全体最適からはずれ、「全体最悪」になることがあります。

生産現場でも一部のラインだけが能率を上げ、生産性を高めてしまうと、つくり過ぎのムダを生んで、全体のためにはかえって良くない結果をもたらすことになります。

仕事をするうえで「個々の能率」を上げるというのは大切なことですが、同時に個々の能率を上げた場合、他の部署や他のラインにどのような影響を与えるかも考えておかないと、せっかく頑張って能率を上げたつもりが他の部署やラインに迷惑をかけることになりかねません。

仕事をスムーズに効率よく進めるためには、自分の部署の仕事をよく知ることはもちろんですが、仕事の流れ全体について知っておくと失敗を防ぐことができるし、問題が起きた時も迅速に対応できるようになります。

ある企業でフリーマガジンの立ち上げに参加した、広告営業の責任者でもあったIさんは、印刷会社の営業社員とやり取りをす

ることが多かったこともあり、暇さえあれば実際に印刷工場に出かけてその仕事の進め方を知るようにしていました。

　広告営業の人間の大半は印刷会社の担当者と自分の会社で話すことがほとんどで、実際に現場に足を運ぶことはありません。しかし、実際に現場に足を運ぶと、その仕事がどのように進められているかがしっかりと理解できるし、印刷工場の人たちがどれほどこだわって仕事に取り組んでいるかが理解できます。

　すると、働いている人へのリスペクトも生まれるし、自分が手掛けている商品への愛着も生まれてきます。こうしたＩさんの考え方に対し、「どうせやるのは印刷会社だし、現場を見る必要なんてないでしょ」と言う人もいましたが、Ｉさん自身は現場を知り、印刷に関するすべての流れを理解しているからこそ適確な判断ができると考えていました。

　たとえば、既に印刷に入っているにも関わらず、広告主から「ミスがあったので差し替えてほしい」という連絡があった時、現場を知らない営業社員は印刷会社の担当者に連絡するしか方法がありませんが、印刷の流れが頭に入っているＩさんは即座に「修正できます」「止められません」という判断ができますし、「なぜ止められないのか」や「止める場合のリスクやコスト」についても説得力をもって話をすることができるのです。

　失敗を防ぎ、成果を上げるためにも仕事の全体の流れを知ることです。そうすることで失敗の芽を事前に摘むことができるし、失敗にも迅速かつ的確に対処できるようになるのです。

基本的行動
　「自分の仕事」の前後の流れをしっかりと理解しよう。

遠慮せず仲良くケンカしろ

　企業が失敗する原因の一つに「縦割り組織」や「縄張り意識」「責任のなすり合い」があります。

　新製品などが期待通りに売れない時、開発した人間は「営業がダメだから売れるはずのものが売れない」と責任を押しつけますし、営業の人間は「開発が売れるものをつくらないからいくら頑張っても売れないんだ」などと責任を押しつけます。

　こうした組織ではどこかの部署が素晴らしい成果を上げたとしても、その成果が共有されることはありませんし、当然のことながらある部署の失敗は隠されますから、その失敗から他の部署が学ぶことは決してありません。

　このようなセクショナリズムや縄張り意識は、大きな失敗を招く原因となります。建前上はいくつもの部署が集まって一つのプロジェクトチームをつくったとしても、日ごろから他の部署に口出しすることができにくい組織の場合、問題に気づいたとしても「余計な口出しをせずに、自分のことだけをやっておこう」「他の部署のことに口出しして、ややこしいことになるのはごめんだ」という「遠慮の塊」が障害となって問題は問題のまま残され、やがて大きな問題、大きな失敗へとつながっていくのです。

　こうした「遠慮の塊」を打ち壊すために、トヨタなどが日ごろから推奨しているのが「仲良くケンカする」という考え方です。トヨタの新車開発は、各部門の担当者が大部屋に集まって、コストやデザイン、製造方法や設備など、車づくりのあらゆることにことについて徹底的に議論しますが、その際のルールの一つが「仲良くケンカする」です。理由はこうです。

　「チーム力を高めるために大切なことは、お互いが言いたいことを言い合うことです。本音で話し合わなければ、互いの意見や考え方を正しく理解できない。建設的な意見を言い合うことで理解が深まり、１＋１＝２ではなく、３にも４にもなるんです」

　トヨタという会社では「どういう人が伸びるか」と問われ、元社長の張富士夫さんはこう答えています。

　「例えば課が五つあるとします。現場で言えば、最後は組立です。その前の工程に、ボディがあり、塗装があり、プラスチック部門やプレス部門がある。どれか一つが問題を起こせば車が出ない。その時に、あそこのプレスが悪いとかボディがダメだと言っている人と、そんなことを言わずに、自分の手勢を連れて問題の現場に飛んでいく。どっちみちこのラインが止まるから手伝おうと言って、黙って手伝う。そうして黙って自分の持ち分の所に帰っていく。こうした人は伸びていく」

　「遠慮の塊」は自分の部署ではなかったとしても、組織のどこかで大きな失敗を引き起こす原因となります。失敗を防ぐためには「仲良くケンカする」風土づくりが不可欠なのです。

基本的行動
　つまらない遠慮はするな、仲良くケンカしろ。

失敗なくして成長なし

　失敗から学び、失敗を活かすためには、自分自身が「失敗＝悪」という考え方を脱し、「失敗なくして成長なし」と覚悟を決めることが何より大切になります。

　1990年代半ば、大企業病に陥りかけていたトヨタの新社長に就任した奥田碩さんが社員に訴えたのは失敗を恐れず挑戦してほしいという意識改革でした。こう言っています。

　「これからのトヨタは何も変えないことが最も悪いことだと思ってほしい。トライ・アンド・エラーで構わない。果敢に挑戦した事実に対し、正当な評価をしていきたい。皆さんが思い切ってトライできるよう、経営資源の投入や権限の問題について大胆に見直したい」

　2008年のリーマンショック後に社長に就任した豊田章男氏もやはりこう繰り返しました。

　「バッターボックスに立たないと、『WOW』は起こせない」

　「失敗を恐れずに何度もチャレンジし、バットを振り続けよう」

　二人のトップに共通するのは三振を恐れるあまり、見逃しをするとか、バッターボックスに立たないという消極的な姿勢ではダメで、空振りしても良いからバッターボックスに入りバットを思

い切り振って欲しいという願いでした。それでも三振した時には、みんなで「ナイスバッティングと讃えよう」と付け加えるほど挑戦の後押しをしようとしています。

なぜ世界ナンバーワンの自動車メーカーのトップがこのような言葉を繰り返すのでしょうか？

理由は変化の波が押し寄せている時代、これまでの延長のようなスタイルで仕事をしていては生き残ることはできません。たとえすぐに結果は出なかったとしても、失敗を恐れずに挑戦を続けることで新しい何かを生み出してほしいし、そのようなチャレンジする姿勢を評価する風土であってほしい、というメッセージを社員に発するためなのです。

新しいことや難しいことに挑戦することなく、これまでの慣れたやり方を少しずつ改善していけば失敗をすることはありません。しかし、それでは個人としても組織としてもいつか限界が訪れます。だからこそ、トヨタの上司は「失敗なくして成長はない」と言い切るし、「失敗した者に挫折感を与えてはいけない」と言うのです。

もちろん今でも「失敗は許さない」企業もありますが、それでは社員も成長しないし、会社も成長しません。同じ失敗を繰り返していたら「成長していない」と言われますが、挑戦した末の失敗は成功の糧となり、成長につながります。失敗から学ぶためにも、まずは「失敗なくして成長なし」と信じることです。

基本的行動
挑戦した末の失敗は前向きに捉えよう。

第4章

失敗を恐れず
「まず、やってみる」を
習慣にしよう

アイデアがあれば
ものをつくってみよう

　失敗から学び、失敗を活かすうえでとても役に立つのが「アイデアがあればものをつくってみる」という考え方です。

　ホンダが長く続けていた「アイデアコンテスト」という取り組みがあります。現在では全国の子どもたちが未来にあったら良いなと思うアイデアを作品にする「子どもアイデアコンテスト」も行われていますが、元々は創業者である本田宗一郎さんの「どんなアイデアでも自分でつくってみて初めて自分の一部になる」という信念から生まれた取り組みです。

　アイデアコンテストに出品する作品は、事業所ごとに選ばれます。各事業所には作品を製作するための工作機械が備えられた創作室があり、製作にかかる費用も会社が負担します。

　つくるのは実用化も目指さず、車づくりにも直結しない作品ですが、たまにはその中から飲酒運転を取り締まる「アルコール感知器」や「ローラースルーゴーゴー」「ホッピング」のような実用化されたものもあります。ただし、それを奨励しているわけではありません。

　では、なぜそんなお金にならないものをつくるのかというと、アイデアは形にすることが大切だという考えからです。誰でも夢

を見たり、思いつくことはありますが、ほとんどの人はそのままで終わってしまいます。「どうせ無理だろう」と初めから実現を目指さない人もいれば、少しだけ取りかかってみて「やはり無理だな」と途中で投げ出す人もいます。

これでは何も生まれません。

そのアイデアが本当にダメなのか、それとも素晴らしいかは、形にして、目で確かめるのが一番です。時間がかかろうが、下手だろうがとにかく最後までやってみます。

アイデア通りのものができることもあれば、少し修正すればよくなるものもあるし、完全な失敗作もありますが、大切なのは出来不出来よりも、「アイデアがあれば失敗を恐れずまず形にしてみる」という姿勢なのです。

一番ダメなのは口だけで何もしようとしない人です。そんな人に限って、誰かがつくり上げたものを見て、「同じことを考えていた」と言ったり、「ここがダメだな、あそこはどうだろう」などと批評家を気取るのです。こうした「口だけ」の人は失敗もしない代わりに、何も生み出すことはありません。

それよりも何かしらアイデアを思いついたなら、まずやってみるという習慣をつけることです。うまくいかなかったら、原因を調べてもう一度やってみるだけのことです。そんな繰り返しこそが、夢やアイデアを形に変える行動力を身につけさせてくれるのです。

基本的行動
「アイデアがあればまずつくってみる」を習慣にしよう。

小さく始めてみよう

　新しいことを誰かが提案した時、反対する人がいるのは失敗への恐れがあるからです。たとえどんなに素晴らしいアイデアでも、それを実現するために多くのお金や時間がかかるとしたら、「もし失敗したらどうするんだ」と不安になり、反対をしたくなります。

　そうならないために取り入れたいのが「小さく始める」というやり方です。「レクサス」は今ではトヨタを代表する高級ブランドとなっていますが、開発の初期段階では初代主査を任された鈴木一郎さんが目指す画期的なエンジンづくりについて賛成する人は誰もいませんでした。

　当時、トヨタは既に高品質なエンジンをつくっており、鈴木さんが要求するエンジンをつくるために、さらに精度の高い設備を導入するのは「絶対に実現不可能」とまで言われてしまいました。そこで、鈴木さんは生産技術の役員にこう言いました。

　「わかりました、それではこうしましょう。私の要求している精度のエンジンを一台だけ試作してください。それすらできないなら、あきらめます」

　量産は無理でも、一台だけならつくることはできます。役員は

要求に従って、鈴木さんの要求するエンジンを一台だけつくり、既存の車に乗せて走らせたところ、鈴木さんの言うとおりの成果が出たのです。この結果を受けて一気にプロジェクトは進み始めることになったのです。

　最初から大きな投資、たくさんのものをつくることにはリスクが伴います。失敗した時の損害も大きくなります。それよりもまずは小さく始めてみます。その結果を見て、「次はどうするか」を決めれば、失敗のリスクもうんと低くなるのです。

　これは試作品をつくって試した例ですが、似たようなやり方にモデルライン方式があります。たとえば、生産ラインを新しい生産方式に変えたい時、一気に変えてしまうと失敗の恐れもあるし、働いている人の反対や戸惑いもあります。

　そんな時には何本かあるラインのうちの一本、それも一部を使って新しいつくり方を試みます。すると、新しいやり方だけに次々と問題が発生しますが、それを一つずつ改善していくうちにそのラインは使いやすいものになるだけでなく、働いている人たちも新しいやり方を目で見ることで「なるほど、こういうものか」と理解できるようになります。

　そして「これで大丈夫」となって初めて全体へと徐々に広げていけばいいのです。新しいことに挑戦する時は小さく始めてみることです。それが失敗のリスクを抑え、みんなの納得を得るための最も良い方法なのです。

基本的行動
　最初はできるだけお金も手間もかけずに小さく始めてみよう。

複数のアイデアは「順番に」ではなく「同時に」試す

　目指す目的は一つでも、そのための手段はいくつもあります。たとえば、二つのアイデアがあり、「どちらがいいか」決めかねる時にはどうすればいいのでしょうか？

　このような時、「何が何でも一つに絞る」にこだわり過ぎると時間ばかりがかかって実行が先送りされかねません。あるいは、どちらも甲乙つけがたいのであれば、せっかくの優れたアイデアを一つ捨てることにもなります。

　トヨタ式の考え方は「アイデアが二つ出たら、両方ともやってみる」です。

　どちらがいいか決めかねる時、両方をお互いに一日ずつ、両方の言い出した人間が自分のアイデアを実際にやってみます。そしてその結果を調べて、「やっぱりこっちの方がいいじゃないか」と納得するまでやることで、どちらがいいかを決めることができます。

　会議などで二つのアイデアが出た時、時に「どちらが優れているか」に関係なく、「誰が言い出したか」で決まったり、双方が引くに引けなくなってズルズルと決定が先延ばしされることもありますが、どちらも良い結果をもたらすことはありません。

　二つのアイデアがあれば、議論に時間をかけることなく二つともやってみれば良いのです。実際に目で確認すれば、「どちらにするか」は自然と決着がつくのです。

　ここでポイントになるのは二つを「同時にやる」ということです。たとえば、新しい商品を売り出すにあたって五つの方法がある場合、これらを「順番に試す」ことには意味がありません。

　順番に試すと、たとえばＡという方法を使ってうまくいかなかった場合、Ｂという方法に移るわけですが、こうした実行と検証を順番に続けていくと時間ばかりがかかって、「何が最も効果的か」を知るために多くの時間を使うことになります。

　このようなケースである企業が行ったのは五つの販促方法を「すべて同時に実行する」というやり方でした。すべてを実行すればお金もかかるし、中には失敗するものもあるわけですが、五つの販促方法を同時に実行すれば何が最も効果があり、効果のないのは何かを短期間で知ることができます。

　最初は五つを同時にスタートさせたとしても、「これは効果がないな」と分かれば、すぐにやめればいいのです。すると、最終的に効果の高いものだけが残り、そこにお金や人を集中的に投下すれば高い効果を上げることができます。

　つまり、同時にスタートさせることで、失敗も早く知ることができるのです。複数のアイデアがあり、決めかねる時はすべてやってみれば良いのです。失敗を早く知れば、それだけ正解へも早くたどり着くことができるのです。

基本的行動
　「何が最善か」を決めかねるならすべて同時にやってみよう。

お客さまのクレームを集めすぐに実行する

　失敗から学び、失敗を活かすうえで「クレーム」にどのように向き合うかは大きなポイントになります。

　クレームを「厄介事」と捉えれば、「とりあえず謝っておけば良い」と「その場限りの対応」を優先することになりますが、クレームを「改善のヒント」と前向きに捉えれば、クレームにつながった失敗から学ぶことで成功へのきっかけに変えていくことができるようになります。

　ひとり焼肉『焼肉ライク』などを展開するダイニングイノベーションの社長・西山知義さんは、元は『炭火焼肉酒家　牛角』や『しゃぶしゃぶ温野菜』などを展開するレインズインターナショナルの創業者でした。

　まさに日本の外食チェーンを代表するリーダーの一人と言えますが、西山さんが不動産業を経て外食産業に参入したのは30歳の時です。

　目指したのは「安くておいしくてサービスが良くて、雰囲気のいい焼肉屋」です。当時、高級焼肉店と街の小さな焼肉屋はありましたが、20代から30代前半の若者が3000円程度で焼肉を楽しめる店はありませんでした。

　そこで1996年、のちの『牛角』につながる『焼肉市場　七輪』を三軒茶屋にオープンするも、飲食業が初めての西山さんたちは大勢のお客さまに対応することはできませんでした。

　結果、翌日から客足がパタリと途絶えてしまいます。

　困り果てた西山さんが思いついたのが「悪口」を言ってくれたお客さまに300円を支払うというアイデアです。

　料理やサービス、店の雰囲気など、会計の時に何でも自由に言ってもらい、ノートに「正の字」を書いていきました。

　そして同じ内容の悪口が五個たまり、「正の字」が書けた時点で「即改善」へと、みんなで話し合い、改善案をすぐに実行するのです。

　五人ものお客さまが「これは問題だ」と言う以上、それは自分たちの明らかな失敗であり、すぐにも改善する必要があります。同様に西山さんはスタッフからも「悪口」を集め、同じように改善していきました。

　こうして悪い点を次々と改善していくにつれ、お客さまの評判は良くなり、開店から五か月後、店はついに行列のできる焼肉店となったのです。

　誰しも「悪口」を聞くのは気分の良いものではありません。自分の失敗を他人から指摘されるほど嫌なことはありませんが、それを「改善のヒント」と前向きに取り組むことができれば、失敗も悪口も成功へのヒントともなるのです。失敗をしたら「どうすれば良いか」を考え、すぐに変えていけば良いのです。

基本的行動

　積極的にお客さまのクレームを集め改善していこう。

「明日やろう」ではなく
「今日やる」を心がける

　「アイデアがあればまずものをつくってみる」で大切なのは、「明日やろう」「時間ができたらやろう」と先延ばしせず、「すぐにやる」「今日やる」を心がけることです。

　ある企業がトヨタ式をベースとする生産改革に乗り出した時のことです。新しいやり方だけに、毎日たくさんの問題が出ます。社員からの「やりにくい」という不満もあれば、材料が揃わないといった不備もありました。

　こうした問題に対し、生産改革の責任者でもあったトップは一日の仕事が終わり、社員が帰った後、工場に残って問題のある箇所はその日のうちに改善するようにしました。

　時に夜遅くまでかかることもあり、役員からは「大変だから明日にしたらどうですか」と言われることもありましたが、トップはいつもこう答えました。

　「明日に延ばしてしまうと、やりにくいと教えてくれた社員は明日もやりにくさを我慢しなければならないから、今日できるだけのことをやっておきたいんだ」

　「この作業はやりにくい」と訴えた社員にしてみれば、翌日もやりにくいままなら「また、今日も我慢しなければ」と仕事が嫌

になりますが、翌日出社してある程度問題が改善されていれば、「自分の言ったことをすぐに直してくれたんだ」と感謝し、トップの改革を信頼するようになります。

　社員が日々感じるヒヤリハットなどの情報がどんどん集まる会社というのは、集まったヒヤリハットをそのままにせずすぐに改善したり、「いつまでに改善するか」というフィードバックが早いのです。

　言えばすぐに直してくれると分かれば、社員は会社を信頼し、「これは危ないな」というヒヤリハットや、「もっとこうしたら良いのでは」という改善案を積極的に提案してくれるようになるのに対し、フィードバックがなかったり、反応の遅い会社では、「どうせ言ったって何も変わらないんだから」と社員は呆れ、何も言わなくなってしまいます。

　新しい改革を試みれば、最初からすべてがうまくいくことはありません。当然、ミスや失敗もあるわけですが、それらを放置せずすぐに対処すれば、確実に良くなり、改革は前に進むようになります。

　せっかくのアイデアも実行を先延ばししてしまうと、やる気が失せ、関心も薄れてきます。「いつかやろう」「そのうちやろう」の「いつか」や「そのうち」が来ることはまずありません。アイデアがあるなら、できる限りすぐにやることです。そうすれば、アイデアが良いか悪いか、修正すべき点はどこかもすぐに知ることができるのです。

【基本的行動】
　問題は先送りせず「今日やる」「すぐやる」を習慣にしよう。

失敗したからと
安易に元に戻すな

　「アイデアがあったらまずやってみよう」の敵の一つが「失敗
してしまった」時の「すぐに元に戻せ」という非難の声です。

　ものごとを甘く見たり、十分な準備を怠った失敗は非難される
べきですが、十分に計画を練り、上司の承認も得て進めた計画で
あれば、失敗という結果だけで「全否定」するのではなく、「なぜ
うまくいかなったのか？」をしっかり検証すればいいのです。

　トヨタの元社長・豊田英二さんがこう話しています。

　「どんな理想も実現されなければ、それは単なる理想でしかあ
りません。実現するということは、行動することです。私たちの
たくさんの行動の中には失敗も多いと思いますが、失敗はどんど
ん改めて次の行動に移り、あくまでも目標を達成するまで努力す
ることが必要であります」

　一度の失敗で全否定して、元に戻してしまうと、せっかくの挑
戦が意味のないものになってしまいます。そんなことをしてしま
うと誰も新しいことなどやろうとしなくなってしまいます。それ
では企業としての成長はありません。

　「改善が改悪になったら、元に戻すのではなく、もう一度改善
しろ」がトヨタの考え方です。

　実際、たとえ結果は期待通りでなかったとしても、何もしなかったことに比べれば一定の成果は出ているというのもよくあることです。GEの元CEOジャック・ウェルチがこんなケースを例に挙げて「失敗の評価」について語っています。

　ある年、GEは在庫回転率を10に上げ、営業利益率を15％に高めるという二つの目標を掲げました。これまで前者は5を超えたことはなく、後者は11％が過去最高だっただけに、GEにとっては非常に野心的な目標でした。ウェルチの言う「星に向かってストレッチをする」ほどの目標であり計画です。

　ところが、結果は計画通りにはいきませんでした。

　営業利益率は15％を達成したものの、在庫回転率は9にとどまりました。一方は「達成」であり、もう一方は「未達」です。普通は努力不足と言われたり、責任を追及されるところですが、ウェルチは未達ではあっても、過去の実績を上回ったことを「こういう時、GEでは『未達』という表現を使いません。祝うべき勝利とみなします」と評価しました。

　高い目標を掲げれば、失敗することもありますが、「今まで通り」なら決してなし得なかった成果を上げたとしたら、それは大きな勝利となります。そんな時は非難するのではなく、喜び、「では、どうすれば達成できるか」を考えて、次なる一歩を踏み出せば良いだけなのです。

　失敗は期待通りの成果が出なかったとしても、安易に元に戻したり非難するべきものではないのです。

基本的行動
　失敗しても安易に元に戻さず、もう一度やってみよう。

ささやかな成功に 大きな希望を見出そう

「ゼロは何倍してもゼロだが、1でも2でも数字があれば改善して増やすことができる」は楽天の創業者・三木谷浩史さんの言葉です。

三木谷さんは1995年に起こった阪神・淡路大震災が人生観に大きな影響を与え、間もなく起業しています。しかし、インターネットショッピングモール「楽天市場」を開設した際、出店してくれたのはわずか13店舗、楽天市場を利用したユーザーの数は30人足らず、そして月の売上はわずか18万円でした。

この数字を見れば、多くの人は絶望的な気持ちになります。ましてや当時既にNTTなどの大企業がインターネットショッピングモールを開設し、いずれもうまくいっていませんでした。

ベンチャー企業・楽天の失敗は確実でした。

しかし、三木谷さんはわずかの店舗、わずかのユーザー、わずかの売上を前に希望を見出したのです。仮にすべてが「ゼロ」なら明らかな失敗ですが、わずかでも数字があるということは、何らか理由があるということであり、何かを改善すれば増えるし、さらに改善すればもっと増えると考えたのです。

その後の楽天市場の成功は誰もが知る通りです。

　三木谷さんと同じことを考えたのが宅急便の考案者でヤマト運輸の社長・小倉昌男さんです。小倉さんが宅急便をスタートさせた時、初日の取扱個数はわずか11個でした。

　当然、利益は出ませんが、小倉さんは「サービスが先、利益は後」とサービスの充実に努め続けた結果、今日では同社の取扱個数は年間20億個を超えるまでになり、日本人にとってのインフラとなっています。

　いずれも普通の人であれば「失敗だ、もうやめよう」となるところですが、両氏ともそのわずかな数字に可能性を感じたことでその後の成功につなげています。

　アマゾンの創業者ジェフ・ベゾスがこんなことを言っています。

　「新たな事業は大きな可能性があり、革新的で他社と差別化されていなければなりません。ですが、生まれた日から大きな事業である必要はないのです」

　ベゾスは失敗を肯定的に捉えることで知られていますが、同様にどんな事業も最初から大事業である必要はないこともよく理解していました。

　最初は「こりゃあ失敗だな」と言われるほどのレベルでも、そこに可能性を見出し決して諦めることなく粘り強く改善し続けることで驚くほどの成功につながることもあるのです。小さな数字を前に「成功」と見るか、「失敗」と見るかで未来は大きく変わってくるのです。

基本的行動
　小さな一歩を失敗と切り捨てず、成功への一歩と考えよう。

最後まで「やり切る」ことが 次につながる

　本書の最初に紹介した「失敗の定義」の一つは「人間が関わって行う一つの行為が、初めに定めた目的を達成できないこと」でしたが、「初めに定めた目標を達成できない」という意味では、せっかく苦労して新製品をつくり上げたものの、販売に関しては期待をはるかに下回るものだった場合も、ビジネスの世界では「失敗」となります。

　しかし、それでも苦労して一つの製品をつくり上げるという経験はとても貴重なものであり、その後につながるというのが青色発光ダイオードの開発によりノーベル物理学賞を受賞した中村修二さんの考え方です。

　中村さんは1979年に日亜化学工業に入社、93年に青色発光ダイオードの開発に世界で初めて成功していますが、それを可能にしたのは入社から10年かけて三つの製品を完成させていたからだと言います。

　ただし、その製品はほとんど売れることはなく、中村さんは上司や営業部長などから「お前はただ無駄遣いしているだけじゃないか。もう会社を辞めろ」と言われ、いつまでたっても平の研究員という仕打ちを受けています。

　にも関わらず、中村さんが当時の社長に世界中の誰もが無理と言うほどの青色発光ダイオードの開発をやらせてほしいと直訴したところ、社長は「あいつは大ぼら吹きだが、やることはやる。売れる売れないは別にして、ちゃんと製品を完成させた」と言って３億円もの予算をつけてくれたのです。

　なぜそこまで中村さんを信用してくれたのでしょうか？　理由は中村さんが入社して以来、常に新しい製品開発に挑み、結果として売れなかったものの、三つもの新製品をつくり上げていたからです。新製品開発というのは簡単ではありません。開発の過程では何度も失敗し、試行錯誤を繰り返すことになります。

　その大変さに途中で開発を中止することもしばしばです。しかし、中村さんはそんな「撤退屋」の「私の忠告を聞いてやめた方がいい」という言葉に耳を傾けることなく最後までやり抜くことで完成品をつくり上げています。

　製品を完成させれば、たとえ小さなものでも、思うように売れなくとも、人の目に留まります。中村さんがつくった製品はビジネスの面では失敗しましたが、製品をつくり上げる力が社長に認められたことが３億円の開発資金につながったのです。

　中村さんの例で分かるように、結果が失敗だとしても「最後までやり切った」という事実は自分の自信にもなりますし、それを評価してくれる人もいるはずです。やり切った結果としての失敗は、アイデアがあっても何もしない、あるいは撤退を繰り返すだけよりも多くの学びを与えてくれるのです。

基本的行動
　失敗を恐れて何もしないより、失敗してもいいからやり切ろう。

準備不足を
「失敗の言い訳」にするな

　「失敗を恐れずにまずやってみよう」と言うと、なかには十分な準備もせずに慌てて実行に移ろうとする人がいますが、こうした準備不足の人は「最初から失敗の言い訳をしている」のと同じことになります。

　「怠惰であることには隠された無意識の駆け引きがある」は心理学者アルフレッド・アドラーの言葉です。

　仕事や勉強で成果を上げるためには努力や準備が必要ですが、では努力をすれば常に良い結果が得られるのかというと必ずしもそうではありません。

　学校のテストに臨む時、ほとんどの人は時間をかけて準備を行い、万全の体調で臨もうとするわけですが、なかには「昨日も遅くまでゲームをやっていたから勉強もできなかったし、寝不足だよ」などと「自分は万全ではない」ことをアピールする人もいます。

　仕事でも大事なプレゼンテーションや商談に臨むにあたってはやはり綿密な準備や打ち合わせが欠かせませんが、このような時にも「忙しくて準備ができなかった」などと言い訳をする人もいます。

　なぜでしょうか？

　理由は懸命に努力や準備をしたにも関わらず、期待通りの成果が上がらない時、人は自分の能力のなさと向き合うことになりますが、こうした準備を怠る怠惰な人の場合は「もっと一生懸命にやれば、もっと良い成績が取れたはずだ」「こんなに忙しくなければちゃんと準備ができたのに」と逃げ道をつくることができます。

　「能力がないと言われるよりも、怠惰であると言われる方がまし」というのが、怠惰な人たちにとっての安全網になるというのがアドラーの分析です。

　失敗を恐れずに挑戦しようと慌てて駆け出す人全員が「怠惰な人」とは言いませんが、しっかりとした準備を怠ることは最初から失敗の言い訳をしている人と何ら変わるところがないのです。

　「まずやってみる」ことは準備を否定するものではありません。それどころかアマゾンの創業者ジェフ・ベゾスなどはインターネットで本を売るというアイデアを思いついてからわずか数か月で会社を辞め、アマゾンを設立していますが、そこからサービスを開始するまでには一年近くを準備に費やしています。

　トヨタ式に「沈鬱遅鈍」という言い方がありますが、成果を上げるためには準備には相応の時間をかけ、速やかに実行することが大切になります。常に準備に時間をかける必要はありませんが、準備不足を言い訳にした「まず、やってみる」が良い結果をもたらすことはありません。

基本的行動
　準備はしっかりと、実行は速やかにを心がけよう。

失敗を覚悟すると
心が軽くなる

　「無謬性の原則」という言葉があります。

　日本の政府や大企業の官僚組織で「ほとんど無意識のうちに前提とされている」と言われている原則で、ある政策を遂行する責任を負った人や組織は、「もしこの政策が失敗したらどうするのか」という「失敗の可能性」について考えたり議論をしたりしてはいけないという信念のことを指しています。

　本来、何か計画を立てる時には「計画がうまくいった時の姿」だけでなく、「途中で問題が起こって計画の遂行が難しくなったらどうするか」といったことも含めて考える必要があるわけですが、無謬性の原則が支配する組織では「もしこれが失敗したら」ということを考えたり議論することさえ憚られるというのですから、いざ問題が起きた時に対応が遅れて後手に回ってしまうのは当然のことです。

　計画がすべてうまくいった時の「A案」しか頭になく、万が一に備えた「B案」や「C案」がない計画というのは「失敗への備え」ができていないのと同じことであり、たまたま問題なく事が進めば良いのですが、前提条件が崩れてしまうと見るも無残な失敗だけが後に残ることになりかねません。

　新しい挑戦には「失敗を覚悟する」ことが欠かせないというのはアマゾンの創業者ジェフ・ベゾスの考え方です。

　アマゾンの創業に際し、几帳面な性格のベゾスは何通りかの計画を書き上げていますが、アマゾンの成功確率については30%と見ていました。つまり、失敗確率70%です。さらに自分の両親や身内、知り合いに投資を依頼するにあたっては、成功確率は10%と驚くほど低い数字を口にしています。

　「お金を失ってもいい覚悟がないのであれば、自分に投資しないでくれ」という意味ですが、なぜこれほど成功確率を低く見ていたのでしょうか。

　計画に自信がなかったわけではありません。それでも成功確率を高く見積もり過ぎると、失敗を恐れて成功に必要なリスクを伴う決断ができなくなることを恐れたからです。

　「無謬性の原則」ではありませんが、「何が何でも成功しなければ」と思い込んでしまうと、絶対確実なことしかできなくなりますが、それではインターネットという凄まじい速度で成長し変化する世界で勝つことはできません。

　それよりも成功確率は低くとも、今必要なことを大胆に実行してこそ成功確率は高くなるというのがベゾスの考え方でした。

　「失敗を覚悟すると心は軽くなる」というベゾスの覚悟こそがアマゾンを成功へと導いたのです。新しい挑戦に失敗はつきものです。失敗の可能性から目をそらすのではなく、失敗を覚悟したうえで実行するからこそ成功の可能性が見えてくるのです。

基本的行動
　失敗を覚悟したうえで大胆にチャレンジしよう。

箱がいっぱいになるほどの試作を繰り返す

　新しい商品などを企画する時、必要なのは机上で議論を繰り返すことでもなく、最初から完璧なものをつくろうとすることでもなく、いやというほど試作品をつくることだというのが任天堂の元社長・岩田聡さんの考え方です。

　岩田さんが掲げた「ゲーム人口を増やす」という目標を達成するうえで大きな役割を果たした家庭用ゲーム機の「Wii」を操作するための「コントローラー」はあえて「リモコン」と呼ぶことでテレビなどと同じ「普通にそこにある身近なもの」を目指しています。

　Wiiのコントローラーは従来のゲーム機のコントローラーと違って片手で使えるようになっていますが、それは「誰か一人のグレートなアイデアでこうなったというものではなく、たくさんの人のバラバラの思いが不思議に融合して最終的にこの形になった」というのが岩田さんの話です。

　そしてそこにたどり着くために任天堂が行うのが誰かが「こうしたらどうだろう」と提案すると、すぐに「試作品」をつくって、その手ごたえを「フィードバックする」ことを何度も繰り返すというやり方です。

　よくあるのは挙がってきた複数のアイデアに対して、会議など
で議論していくつかに絞り込み、それから試作品をつくって検証
するやり方ですが、任天堂の場合は提案があれば、すぐに試作品
をつくり、それについてあれこれ議論してはまた新たなアイデア
を出していくという方法です。

　そんな無数の試作品とフィードバックの積み重ねがあって初め
て優れた商品が生まれるというのが岩田さんの考え方です。こう
振り返っています。

　「Wiiを世の中に出すにあたっては、それこそいくつもの箱が
いっぱいになるほど、モックアップや試作品や試作ソフトがある
んですけど、やっぱり全部無駄じゃなかったと思います。それら
がものすごい速度で回っていって、ある運命的ないくつかの技術
に出会った時、一気にいろんな問題が解けた」

　どれだけたくさんの試作品をつくったとしても、最終的に残る
のはたった一つです。だとすれば、そんな無駄なことをしない方
が良いのではと考える人もいますが、人は机上で議論するより
も、「ものを見て」議論する方がはるかに知恵も出るし、新たな
アイデアも浮かんでくるのです。

　アップルの創業者スティーブ・ジョブズもどこがどう違うのか
分からないほどの試作品を前に考えを巡らせることがよくありま
したが、箱がいっぱいになるほどの試作品はただの「失敗作」で
はなく、より良いものを生み出すための必要不可欠なものなので
す。

基本的行動
　「つくってみる」からこそアイデアが生まれ、飛躍もある。

事前に「撤退の基準」を
決めておけ

　何かを成し遂げるうえで「失敗を恐れずまずやってみる」姿勢
は大切なものですし、「成功するまで粘り抜こう」という姿勢も
必要ですが、それでも時には「これは明らかに失敗だな」という
こともあるものです。

　そんな時、気をつけたいのが次のような言い訳です。

　「せっかくこれだけの人や費用をかけたのに今さらやめるわけ
にはいかないだろう」

　「ここまでやってきて、ここでやめるとなるとトップの責任問
題になる」

　こうした言い訳が先に立ち、「あと少し」と無理をしたり、意
固地になると、事態がさらに悪化するというのはよくあることで
す。たしかにそれまでにかかった費用や時間、労力をムダにはし
たくないでしょう。「期日に間に合わなくなる」という恐れもあ
るかもしれません。

　あるいは、誰かの責任問題にもなりかねないだけに、「失敗だ
なあ」とは思いつつもそのまま進めて、あとで辻褄を合わせてい
けばいいと考えても不思議ではありません。

　しかし、現実には「あっ、これはまずい」というほどの明らか

な狂いの生じた計画は、少々の修正やテコ入れではどうにもならず、進めれば進めるほど傷は深くなるものです。

　だからこそ、第1章で紹介したユニクロやグーグルのように「素早い撤退」が必要になるのです。

　失敗だと分かりながらも撤退ができないという二重の失敗を防ぐためにやっておきたいのが、事前に「撤退の基準を決めておく」という考え方です。

　かつて京セラの創業者の稲盛和夫さんが「大衆のために安い電話料金を実現し、アメリカのように安い料金で電話が使えるようにしたい」と第二電電（現在のKDDI、auブランド）を設立した時のことです。

　当時、日本の電話事業はNTTの独占であり、その巨大企業に一民間企業が挑戦するというのはあまりに無謀であり、「失敗確実」として反対する人はほとんどでした。そこで稲盛さんは京セラが持つ1500億円の資金のうち1000億円まで使わせてほしい、ダメなら打ち止めにする、という「撤退ライン」をはっきりさせることで役員たちの了解を得たのです。

　「1000億円まで」は周囲には「大けがはしない」という安心感を与え、同時に「やってみせる」という強い覚悟も示すことで事業は大きな成功を収めることとなったのです。

基本的行動
　「撤退の基準」を決めることで二重の失敗を防ごう。

百聞は一見に如かず、
百見は一行に如かず

　会議などであなたが新しいアイデアを口にした時、こんなやり取りを経験したことはないでしょうか。

　ベテランのJさん：「それは以前にやったことがあるけれど失敗したので、やってもムダだよ」

　他の社員：「じゃあ、今さらやるまでもないですね」

　あなたのアイデアに対して、ベテランのJさんの一言でせっかくのアイデアには「失敗」の烙印が押され、「やってみる」というチャンスさえ奪われてしまいます。

　Jさんの言う「以前にやったことがあるけれど失敗した」が文書としてきちんと残っていれば、あなたのアイデアとJさんの失敗を比較検討することもできますが、もしそのような文書がないままに「やってもムダだよ」の一言でみんなが「じゃあ、やるまでもないですね」と納得するとすれば実にもったいないことではないでしょうか。

　「百聞は一見に如かず」という諺があります。

　伊藤忠商事の元社長・丹羽宇一郎さんはアメリカに駐在していた頃、こんな経験をしました。ある時、干ばつで畑が砂地になっ

ている写真がニューヨーク・タイムズの一面に載り、丹羽さんと同じ穀物相場に関わる仕事をしている人たちは一斉に「買い」に走りました。

しかし、丹羽さんは「それは本当か？」と疑問に感じ、レンタカーを借りて現地を見に行きました。ところが、現地の畑は干からびているどころか、どこも青々としているのです。よくよく探してみると砂漠地帯に近い場所に写真と同じ畑がありましたが、そこは元々砂のたまりやすい場所でした。

報道に嘘はありませんでした。しかし、それはごく珍しいケースであり、もし丹羽さんが報道を真に受けて買いに走っていたら大変な損失を出すところでした。以来、丹羽さんは「現場を自分の目できちんと確認すること、報道に踊らされることなく自分で判断を下す」ことを自らの信条とするようになったのです。

先ほどのＪさんの言う「失敗」も同じことが言えます。たしかにＪさんは失敗したかもしれませんが、あなたはそれを見ているわけではないし、詳しいデータがあるわけでもありません。同じようなことをやっても、当時と今では条件も異なります。

「百聞は一見に如かず」と言いますが、トヨタ式ではその先に「百見は一行（行動）に如かず」が続きます。過去の誰かの失敗に学ぶことは大切ですが、時には聞いただけで納得するのではなく、目で確認し、さらに自分で「実際にやってみて確認する」ことも大切なのです。

基本的行動
納得できないなら目で確認し、実際にやって確認しよう。

「ノー」ではなく 「イエス」と言う習慣を

　幼児教育の専門家の八田哲夫さんが幼児期に親が子どもに教えて欲しいことの一つとして、「先生が何かを言ったら、0.2秒で『はい』と返事するように教えてください」という話をしていました。0.2秒というのは、反射的に動く速さです。

　たとえば、先生が「この問題が分かる人」と言ったとすると、0.2秒で「はい」と言うのです。

　こう言うと、子どもは当然、親にこう質問します。

　「問題が分からない時はどうするの？」

　当然の質問です。「はい」と手を上げたものの、「じゃあ、○○さん答えてください」と聞かれて、「分かりません」ではとても恥ずかしい思いをすることになるからです。

　しかし、そんなことはお構いなしに八田さんはこう教えます。

　「分からなくても『はい』って言うんだよ」

　八田さんはその理由をこう説明しています。

　「大人になって、働き始めて、『この問題やってくれる人』って言われた時、『はい』って手を上げると、それだけで先輩や上司にかわいがられる。そして必ず助けてくれるものなんだ。仕事には、学校のテストと違って、答えはないんだ。答えがなくて困っ

ているから、先輩や上司は、下の人間に『やってくれる？』と頼むんだよ。その時に『はい』と言うのは、答えを知っているというよりも、やる気があるという意味なんだ。だから、先輩や上司はかわいがって助けてくれる。ずっと先のことだけど、覚えておきなさい」

　難しい課題を前に「はい、私がやります」と言うのは勇気のいることです。自信があればいいのですが、できるかできないか分からないとなると、失敗の恐れもあるだけにどうしても手は上げられないし、「できるか？」と聞かれれば、「無理です」と言ってしまいます。

　一方、宅急便を開発したヤマト運輸の元社長・小倉昌男さんは「ノー」ではなく「イエス」と言うことで事業を成功に導きました。たとえば、お客さまからのさまざまなニーズに対して、最初に「ノー」と言ってしまうと「無理です、我慢してください」を意味しますが、「イエス」と答えるようにすれば、「難しいですが何とかできる方法を考えてみます」となるのです。

　「ノー」から入ると、「できない言い訳」を並べるのに対し、「イエス」から入ると、「どうすればできるか」を懸命に考えるようになります。大切なのはまずは「イエス」と言うことです。人はできるかできないか以前に、「やろうというやる気のある人」に仕事を任せたくなるものです。大切なのは「成功か失敗か」ではなく、「やろうという気持ち」であり、それだけで人は成長のチャンスを手にできるのです。

　基本的行動
　提案には「ノー」から入るな、「イエス」と答えてみよう。

失敗を認めて
やり直す勇気を持て

　たとえばあなたが全力を傾けて取り組んできたプロジェクトの
ゴールが目の前になり、「もしかしたらこのままだと失敗するの
では」と気づいた時、あなたはどうするでしょうか？

　ここで言う失敗は「大失敗」という意味ではありません。プロ
ジェクトは順調に進み、ある程度の結果は出るところまで来てい
るわけですが、あなた自身が「何か足りないな」と気づいたり、
あるいはメンバーの中から「このままでいいんだろうか」という
疑問の声が挙がるという意味の失敗です。

　アップルにCEOとして復帰したスティーブ・ジョブズは会社
を順調に立て直し、次にアップル製品を販売するためのアップル
ストアを立ち上げるべく、理想の店のプロトタイプの検討を進め
ていた時のことです。

　六か月に渡る検討と準備を経てプロトタイプは完成し、これな
ら最高のオープンができるとなったある日、ジョブズと共に責任
者を務めていたロン・ジョンソンが「根本的に間違っているので
はないか」と言い出したのです。

　それは六か月もかけた準備のすべてを白紙に戻すことを意味し
ていました。さすがのジョブズも激怒しますが、しばらく考えた

後、「ロンが正しい」ことを認め、メンバーに「完璧ではないと気づいたものはやり直さなければならない」と伝えました。

たしかに六か月もの時間と労力、そこにかけた費用は大変なものですが、かといって中途半端なものを世に出してしまえば、大失敗は確実です。最初の失敗を認めたくないためのゴリ押しはさらなる失敗につながるだけです。

ジョブズは部下のアドバイスに耳を傾けることで潔く失敗を認め、やり直しの決断をしますが、その結果、アップルストアは驚くほどの成功を遂げることができたのです。

トヨタの車づくりを担うチーフエンジニアが大切にしているのが、設計の初期段階で問題点を先送りせずきちんと解決する「フロントローディング」と、最後の最後まで粘り抜く「最後の一筆」です。

良い車をつくるためには、早い段階の問題解決が何より大切ですが、それでも最後の最後に気になるところが出た時には、「今さら直すと迷惑がかかるから」と我慢するのではなく、たとえ生産準備部門にも土下座してでも直す勇気が必要なのです。

問題に気づいても失敗を認めず、そのまま進めるのは、プライドは傷つきませんが、最終的には期待通りの成果につながりません。それよりも「失敗」を潔く認めて、やり直しをすることで、素晴らしい成果につながります。失敗に気づいたなら潔く失敗を認めて、やり直す勇気を持つことこそ失敗を大成功に導く秘訣なのです。

基本的行動
　失敗に気づいたら潔く認めよう、そしてやり直す勇気を持とう。

失敗を「失敗のまま」終わらせず、失敗作に光を当ててみる

　失敗を恐れることなく「まずやってみた」結果、やはり失敗に終わることもあります。しかし、そんな時にも失敗の原因を調べて再挑戦することもできるし、あるいは科学の世界などでよく見られるように「失敗作」に光を当てたところ、「失敗」どころか「大成功」につながることもあるだけに、「失敗」との向き合い方は様々です。

　よく知られているのが世界的なヒット商品であるスリーエムの「ポスト・イット」です。1974年、スリーエム製品開発部のアーサー・フライは日曜日に教会で聖歌を歌う時、聖歌集の該当ページにはさんでいたしおりが落ちることにイラっとし、「一時的に接着する紙があればいいのに」と考えました。

　そして、ふと、スリーエムの研究者が開発して「失敗作」と言われた接着剤のことを思い出します。強力な接着剤をつくろうと研究したはずが、なぜか非常に弱い接着剤ができてしまい、お蔵入りしていたのです。

　フライは、接着強度が弱ければ、一時的に紙切れを貼り付けるのに最適だと考えました。出社した彼は、自分用に、一時的に接着するしおりをつくりました。すると用途がいろいろと浮かび、

商品化を考えるようになったのです。

　「Aでは役立たなかった」という点では「失敗」でも、「Bで役立てる」ことを考えると「大きな成功」につながります。

　何かに挑戦した、その結果が「失敗」だとしても、その失敗は活かし方次第で「成功」に変わることもあるのです。

　上記は他人の失敗を利用して成功に導いたケースですが、自分の失敗を活かすことでノーベル賞を受賞したのが田中耕一さんです。1985年、島津製作所の田中さんはタンパク質をイオンの状態にする方法はないかと研究をしていました。

　タンパク質の重さを測るには、分子を一つずつイオンにして分析機器にかける必要がありますが、タンパク質はレーザーの熱でバラバラに壊れてしまいます。そこで田中さんはタンパク質に何か特別な物質を混ぜてイオン化すればいいのではないかと考え、さまざまな微粉末を混ぜては実験するという試行錯誤を繰り返していました。

　そんなある日、田中さんは他の実験で使うはずのグリセリンとコバルトの微粉末を間違えて混ぜてしまいました。本来なら使い物にならない試料は捨てるところですが、田中さんは「捨てるのはもったいない」と考えて使ったところ、求め続けていた結果が出たのです。失敗がノーベル賞につながる成功となったのです。

　うまくいかなかったからと諦める必要はありません。失敗はその先にある成功をもたらしてくれるありがたい存在なのです。

基本的行動
　失敗は「捨てる」のではなく、失敗に光を当ててみよう。

失敗のリスクを
過大評価しすぎていないか

　新しい何かに挑戦することを躊躇うのは「失敗への恐れ」があるからです。

　失敗して怒られるのは嫌だなあとか、失敗して上司の評価が下がったら困る、といった気持ちが強すぎると、リスクを冒して挑戦するよりも、上司の指示通りのことを無難にこなす方が良いと考えるようになりがちです。

　しかし、こうした考えのままだと、今のような変化の激しい時代に成果を上げるのはとても難しくなってきます。

　成果を上げる人のリスクへの考え方は違います。

　NTTデータやリクルート、ライブドアやZOZOなどで活躍した後、現在はオンラインサロンの「田端大学」の塾長などを務める田端信太郎さんは、リクルート時代の20代半ばでフリーマガジンの「R25」をゼロから立ち上げて軌道に乗せるという成功を収め、それがその後の成功へとつながっています。

　新規事業の初年度の費用規模は約20億円と、実に大きなプロジェクトだけに、「自信たっぷりに計画を通した」とはいえ、失敗して巨額の損失を出したら大変なことになるなという恐れも当

然ありましたが、田端さんはこう考えました。

　「責任を取るといっても、せいぜい会社をクビになるくらいだろう。打ち首に比べれば、かすり傷だ。その時は転職活動をし、次の職場を探せばいい」

　田端さんによると、もしフリーランスで自分のお金を使って事業をスタートさせたとすれば、失敗すれば借金も背負えば、責任も負うことになりますが、ビジネスパーソンであれば仮に失敗してクビになったり、降格されたり、周りから後ろ指を指されてとしてもどうってことはありません。

　それどころか会社の持っている資産を利用して、自分なら勝てるはずというギャンブルをできるわけですから、成功すれば大きな自信と手柄になるし、たとえ失敗しても経験は財産となるというのが田端さんの結論でした。

　こうした覚悟で臨んだ結果、「R25」は大成功、「我こそはあの『R25』を立ち上げた田端信太郎なり」と名刺代わりとなる成功を手にすることができたのです。

　万全の準備をして懸命に努力したとしても結果が失敗に終わるという可能性は否定できません。それだけに「やって失敗するよりは」と何もしないことを選ぶ人もいますが、「失敗のリスク」は本当にそれほど大きいものなのでしょうか？　何かをやるうえでは失敗のリスクを過大評価しないことも大切なことなのです。

基本的行動
　失敗のリスクは過大評価せず冷静に見つめよう。

挑戦の芽を摘む
「禁句」に気をつけよう

　畑村さんによると、新しいことに挑戦する時には、優秀な人材を集め、知恵と経験を有する企業の場合であっても、1000のものを手がければせいぜいそのうちの三つ程度がうまくいけば上出来となります。

　「1000のうち三つ」と聞くと、たいていの人は「そんなに低いのか」と感じるかもしれませんが、畑村さんによるとこれは決して悪いものではなく、「創造行為に失敗がつきものである限り、むしろうまくいくことの方がまれだと考えるべき」だとなります。

　それほどに成功することは難しく、たくさんの失敗が避けられません。たとえばロケット開発のスペースXの創業者イーロン・マスクなどは「始めた当初こう思っていました。『スペースXは確実に失敗する』」と覚悟を決めていたからこそ、難題にも挑戦することができたのです。

　確実に儲かる、成功の見込める事業なら誰もが喜んでお金を出すし参加しますが、「確実に失敗する」ものにお金を出そうとする人はいません。反面、それほどの覚悟を持って挑戦したからこそ、スペースXは幾度もの失敗を乗り越えて民間企業として初め

て人類を宇宙ステーションにまで運ぶという偉業が達成できたのです。

　つまり、何かを成し遂げるためには「失敗は起こり得るもの」であり、「失敗を避けていては新しいことは実現できない」という覚悟が欠かせないわけですが、企業の現場に目を向けると部下に対してこのような言葉を投げかける上司がいるのではないでしょうか。

①お前たちには無理だよ

②失敗は許されん

③余計なことはするな

④今度、間違えたら首だぞ

⑤この失敗の責任をだれがとるんだ

⑥そんなことはお前と関係ない

⑦そんなことだからダメなんだよ

　いかがでしょうか。

　これらの言葉は職場の変革を妨げ、部下の向上心や挑戦意欲を奪うことになります。さらに失敗して、それでなくても落ちこんでいる部下を叩きのめす言葉でもあります。

　新しいことにはいつだって失敗がつきものです。だとしたら、こうした「禁句」で挑戦する意欲を奪うのではなく、部下の失敗を後押しする言葉こそが大切なのです。

基本的行動

　挑戦意欲を奪うのではなく、背中を押す言葉を心がけよう。

失敗の経験こそが強みになる

　「物真似は絶対本物以上にはなれないし、トップを取ることもできません」は元セブン＆アイホールディングスの社長で、日本に「セブンイレブン」に代表されるコンビニエンスストアを定着させた鈴木敏文さんの言葉です。

　世の中には常に新しいものを生み出そうとする企業もあれば、他社の成功を見て後から追いかけていく企業もありますが、鈴木さんは日本で初めて本格的なコンビニエンスストアを始めるにあたり、アメリカから購入したマニュアルがほとんど役に立たないことを知り、試行錯誤をしながら日本流のコンビニエンスストアをつくり上げた人だけに、「物真似をしている限り、成功はあり得ません」と言い切っています。

　なぜでしょうか？

　物真似をする経営の場合、既にある成功を見て、それにちょっとだけ手を加えて商品を開発したりサービスをすれば良いわけですから、試行錯誤の苦労もなければ、失敗のリスクも低くなります。たしかに楽なのですが、どこかの物真似を続けている限り結局は価格競争に巻き込まれ、成長も制約されることになります。

　一方、ゼロから新しいものをつくってきた企業は何度も失敗

し、試行錯誤を繰り返すだけに、はた目には「苦労をしている」と映りますが、社会の変化やお客さまの嗜好の変化に合わせて新しいアイデアを生んでは試すという経験をしているだけに時代の変化に合わせて次々と新しいものをつくることができます。

そこには苦労はあっても価格競争もありませんし、常に業界の先頭を走ることができます。鈴木さんはいつも社員に「ならば、挑戦してみるべきではないか」と言い続けてきました。

たとえば、かつて大ヒットした100円のおにぎりの売れ行きが鈍化した時、よくあるのは「価格を下げる」というやり方です。しかし、鈴木さんは「100円台後半のおにぎり」を考えます。当然、周りは反対しますが、そんな時にも「ならば、挑戦してみるべきではないか」と言うのです。

可能性があるなら、まずやってみればいい。失敗したらその原因を調べて、また考えて挑戦する。そんな試行錯誤ができるからこそセブンイレブンは強くあり続けることができるのです。

トヨタグループの始祖・豊田佐吉氏の信念は「自分で苦労してやらなければ技術は身につかない」でした。たとえば、外国などから優れた技術を買ってくれば、楽に仕事はできますが、そこには「失敗をした経験」が抜け落ちているため、技術の進化はそこで止まるというのです。

「失敗の経験」には実は技術やサービスを進化させ続けるためのノウハウが詰まっているのです。

基本的行動
「失敗の経験」の持つ価値を理解しよう。

PDCAより「失敗」込みのTECAを

　新しく会社に入ったビジネスパーソンが早い段階で教えられるのが「報連相（報告・連絡・相談）」の大切さと、「PDCA」のサイクルを回す大切さです。

　そこでは最初にしっかりと計画を立て、実行し、実行の結果を検証して、それを活かすことでさらなる行動を起こすことが求められるわけですが、最近、ある人から「PDCAではダメで、TECAが必要だ」と言われました。

　「TECA」というのは、

1. **トライする**
2. **エラーする**
3. **チェックする**
4. **アクションを起こす**

という意味です。

　一見すると、「PDCA」と変わらないようにも思えますが、一番の違いは「計画」に長い時間をかけることなく、「まずやってみる」を重視している点と、「エラー」をサイクルの中に入れているという点になります。

　日本企業の特徴として、計画が慎重であることと、計画に時間

をかけることはよく言われるところです。たしかに「失敗のリスクを小さくする」という点では良いのですが、あまりに計画に時間をかけると肝心の実行が遅れ、「トライ＆エラー」を猛スピードで繰り返す海外企業などに先行されやすいという欠点もあります。

　本書でも触れたように日本企業は「失敗」を好まないのに対し、アマゾンやグーグル、スペースXなどに代表される企業は失敗を恐れず猛スピードで「トライ＆エラー」を繰り返します。

　結果としてあれほどの成長をしているだけに、今の時代、成果を上げるためには失敗のリスクをいかに小さくしようかと計画に時間をかけるよりも、失敗はあって当然のものとして、アイデアがあればものをつくり、失敗したら検証してさらに挑戦するというサイクルを回す方が適しているのではないでしょうか。

　TECAとは少し違いますが、任天堂の元社長・岩田聡さんによると、「仮説を立てては検証して、と繰り返しているうちに、より遠くが見えるようになったり、前には見られなかった角度でものが見られるようになったりする」と言います。

　大切なのは考えたり、計画を立てるだけでなく、「まずやってみる」ことです。当然、失敗もたくさんあるわけですが、それを猛スピードで繰り返しているうちにアイデアの出方もものの見方も大きく変わってくるのです。失敗を恐れず「まずやってみる」にはそんな効用もあるのです。

基本的行動
　失敗を恐れることなく仮説と検証を繰り返そう。

第5章

失敗を「みんなの財産」にしよう

失敗は
「記述・記録・知識化・伝達」を

　ここまで失敗から学び失敗を活かすためには何が必要か、また失敗を恐れずにまずやってみるという姿勢の大切さなどを述べてきました。

　失敗に対してこのような前向きな姿勢で臨むことができれば、個人として、またチームとしても大きな成果を上げることができるようになりますが、さらに大切なのは失敗を「みんなの財産」として組織全体で活かしていくという取り組みです。

　そのために是非とも取り入れたいのが「失敗の記録をつける」というやり方です。畑村さんによると、一つの失敗から教訓を学び、これを未来の失敗防止に活かし、創造の種にするためには四つのステップが必要になります。

1．失敗の記述

　失敗を知識化するための出発点が「記述」です。失敗経験を「事象」「経過」「原因（推定原因）」「対処」「総括」などの項目ごとに書き表すことで、問題点が整理され、失敗の中身もクリアになります。

２．失敗の記録

　記述は当事者の覚え書き程度のもので構いませんが、それらをデータとして利用しやすいように整理する作業が「記録」です。畑村さんによると、だいたいの人が「記述」で終わっており、「記録」になっていないため、せっかく苦労してつくり上げたものが資料室で眠り、以後、活用されることがないといいます。失敗の記述を記録にすることで、必要に応じて検索するなどできるようにします。

３．失敗の知識化

　失敗を活かすためには、「なぜこのような失敗が起きたのか」といった事実を正しく記録することが大切ですが、失敗の「知識化」は、その失敗経験から学んだ教訓は何か、同じような失敗を防ぐためには何が必要なのか、といったことをまとめるものです。失敗をしたという事実に加えて、失敗経験から学んだ教訓や知恵、再発防止策などがあって初めて後の失敗活用に不可欠な知識を得ることができるのです。

４．失敗の伝達

　失敗を記述し、記録し、知識化をしたとして、多くの事故報告書がそうであるように倉庫にしまい込まれて誰も見ないのでは失敗を活かすことなどできません。失敗は一握りの人のものではなく、組織全体、さらには将来の組織においても共有されてこそ価値を持つことになります。せっかくの失敗の記録がきちんと受け継がれ、読み継がれ、活用されるという「伝達」こそが失敗を活かすカギとなるのです。

基本的行動
　失敗は記述し、記録し、知識化して伝達しよう。

トヨタはなぜ
「失敗の記録」をつけるのか

　トヨタ自動車は「A4一枚にまとめる」など、文章を簡潔に分かりやすくまとめ、かつ残すことを重視する会社ですが、そんなトヨタが早くから取り組んでいたのが「失敗のレポートを書いておく」という取り組みです。

　「失敗のレポート」の発案者でもある元社長の豊田英二さんのよく知られたエピソードがあります。

　トヨタ社員のKさんがある部品の開発にはどうしても必要な機械だと、アメリカの工作機械メーカーに注文しました。当時は今と違ってインターネットもありませんでしたが、手に入る限りのカタログや資料などを使って調べたうえで社内の正式な手続きも経ての注文です。

　ところが、送られてきたアメリカ製の機械を使い、Kさんは初めて自分が「失敗した」と知りました。上司に相談したところ、開発部門のトップで役員でもある豊田さんの所に謝罪に行くように言われました。

　「たしかに自分がこの機械が良いと言ったんだから、自分の失敗には違いない」と覚悟を決めたKさんが豊田さんの部屋を訪ね、「機械をアメリカから取り寄せましたが、使えませんでし

た。失敗をしてしまったので謝りに来ました」と頭を下げました。何しろその機械の価格はＫさんの給料の100倍以上もする高価なものだけに、Ｋさんは当然、厳しく叱られることを覚悟していました。

　ところが、豊田さんは「それで、その実験の理屈は分かったのか？」と質問、Ｋさんが「はい、分かりました」と答えたところ、こう言いました。

　「分かればいい、その失敗はお前の勉強代だ」

　Ｋさんは悪意を持って会社に損害を与えたわけではありません。当時としては最善の調査を行ったにも関わらず失敗をしました。その原因もしっかり理解していましたし、必要な実験についてはきちんと結果は出していました。だからこそ豊田さんはそれ以上の責任を追及しませんでしたが、一つだけ付け加えたのが「失敗のレポート」を書いておくことでした。

　豊田さんは「失敗のレポート」の必要性をこう話しています。

　「最近の人たちはエクスキューズを考えて仕事をしているが、そんなことを考えていたら進歩はない。社内では失敗しても良いから思い切ってやれと言っている。そしてその失敗のレポートを書いておけと言っている。書かないで覚えているだけだと、次の世代まで伝わらないからダメだ」

　成功は「もの」を見れば分かりますが、失敗は「記録」を残さないと伝わらなくなります。畑村さんも言うように失敗は「記録」し、「伝達」してこそ価値を持つのです。

基本的行動
　失敗した時は「失敗のレポート」を書いておこう。

「ヨコテン」の文化で
失敗を共有しよう

　第1章で失敗には「伝わりにくく、隠れやすい」性格があると書きましたが、「失敗＝悪、恥ずかしいこと」という意識がある限り、失敗はできれば他人や他部署には知られたくないと考えるのは当然のことです。

　しかし、これでは失敗が組織の中で広く共有されることもなければ、せっかくの再発防止策が他の部署で活用されることもありません。しかし、その結果としてある部署で大きな事故が起きた時など、「実は他の部署で似たようなことがあった」と気づいて後悔することになりますが、所詮は後の祭りです。

　こうした問題が起きないようにトヨタには「ヨコテン」という考え方があります。「横展開」の略ですが、この「ヨコテン」の発案者もトヨタの元社長・豊田英二さんです。1960年代半ば、全部課長に対して次のように要請しています。

　「職制のポジションにある皆さんは、積極的に横の連絡を取り、正確な情報の交換をするように努めていただきたい。工場が分かれたために同じような仕事をしている部門が会社の中にいくつかに分かれている以上、一方の工場で得られた知識、その中には事故に関する知識、あるいは性能上の知識などもあるでしょう

が、そういった知識をすぐに他の工場にも連絡するようにしていただきたい。本社工場は非常にうまく能率を上げたけれども、元町工場では何も知らずに他社の工場を見て感心して帰ってきたというようなことがあったのでは、問題にならないのであります」

豊田さんの言った「失敗のレポートを書いておけ」が、「失敗の記録」というシステムにつながったように、「横の連携の改善を」というこの時の要望が「ヨコテン」の仕組みへと発展しています。

たとえば、こうなります。

トヨタ社員のＬさんが上司の指示によりある工程の改善を行なったとします。

改善を終えたＬさんが上司に報告に行くと、言われるのは「結果は見届けたのか？」です。再び現場に戻ったＬさんは結果を見て、不具合などがあれば再度改善します。

「これで終わった」と安堵したＬさんが再度上司に報告に行くと、次に言われるのは「ヨコテンはしたのか？」になります。つまり、失敗情報は記録してすぐに伝えるようにしますが、良い改善によって問題を解決した時などはすぐにヨコテンをするというのがトヨタのやり方です。

組織の壁があると、成功情報も失敗情報も隠され伝わりにくくなりがちですが、だからこそ積極的なヨコテンによって失敗を見えるように、伝わりやすくしていくことが必要なのです。

基本的行動
「ヨコテン」によって失敗情報を伝わりやすいものにしよう。

「他人事」を
「自分事」として考えよう

　どこかの部署やどこかの会社が大きな事故や大きな失敗をした時、「ああ、うちでなくて良かったな」と安堵したり、「よそは大変だなあ」と同情したり、あるいは「まあ、うちには関係ないけどね」と「他人事」を決め込んだことはないでしょうか。

　たしかに自分たちが失敗したわけではありませんから、「他人事」であるのはたしかですが、そんな時にもこう問いかけてみてはいかがでしょうか？

　「自分たちの職場は大丈夫だろうか？」

　たとえば、トヨタのある職場ではミーティングで課長がこんな話をすることがあるといいます。

　「今日の新聞見たか？　M社の工場のほこりを集める集塵機から火災が発生したらしい。うちの集塵機は大丈夫かをみんなで確認しよう」

　たいていの企業の場合、M社の火災は「他人事」であり、気の毒に思ったとしても、「自分たちの職場は大丈夫だろうか？」という問いかけはしません。しかし、こう問いかけることで他社の失敗は「他人事」ではなく「自分事」となるのです。

　課長の話を聞いた社員数人が手分けをして工場内の集塵機を
チェックしたところ、もしかしたらどこかに「これは危ないな」
という所が見つかるかもしれません。

　たしかに「今」は問題なくとも、放っておくと「いつか」はM
社と同じように火災が起きることになります。トヨタ式ではこう
考えます。

　「よその失敗も『自分たちの失敗』と同じように考え、点検
し、改善すべきは改善をする」

　このような考え方でいれば、日々、世の中ではたくさんの事故
や失敗が起きているだけに、そこから自分たちに関係のあるもの
を「自分たちの失敗」と同じように調べ、考え、改善をすること
ができるようになります。

　「失敗から学ぶ」とか「失敗を活かす」というと、どうしても
「自分たちの失敗」を考えがちですが、学ぶべき失敗の中には
「過去の失敗」もあれば、「他社の失敗」や「他部署の失敗」もあ
るのです。それらを「他人事」と考えてしまうと、何の学びも得
られませんが、「自分たちの職場は大丈夫か?」と考えれば、す
べてが「学ぶべき失敗」となるのです。

　このように一つの失敗からの学びを最大化できれば、わざわざ
自分たちで失敗をしなくても、失敗を未然に防ぐことができるよ
うになるのです。大切なのは失敗への感度を高めておくことなの
です。

基本的行動
　よその失敗を無視せず、自分たちの学びに変えていこう。

客観的情報より主観的情報を

　失敗情報を共有し、のちのち活用するためには失敗情報を記録することが不可欠ですが、その際、あとで有効活用できるのは客観的にまとめられた失敗情報よりも、失敗した人がどんなことを考え、どんな気持ちでいたのかが分かる主観的な失敗情報であるというのが畑村さんの考え方です。

　大きな事故や大きな不祥事が起きた時、行政機関や企業がやるのは第三者委員会などを立ち上げて、時に外部の専門家を交えて失敗や不祥事の原因を調べて、責任の所在を明らかにして、再発防止策をまとめるというやり方です。

　畑村さんによると、たしかにこうしたやり方は責任の所在を明らかにするという点では必要なのですが、失敗や不祥事から学び、そこから新しい何かを生み出そうとする時には実際に役に立つ情報にはなりにくいというのです。

　なぜでしょうか？

　他人の失敗から学び、新しい何かを生み出そうとする時、人が知りたいのは、誰に責任があったのかではなく、失敗したその人がどんなことを考え、どんな気持ちでいたのかという、第一人称で語られる生々しい情報だというのです。

　たとえば高齢者の事故などの原因としてしばしば挙がってくるアクセルとブレーキの踏み間違いですが、こうした事故を起こす前、ほとんどの人は「自分がそんな間違いを起こすはずがない」と思い込んでいます。

　今の高齢者の多くは若い頃から車の運転をしており、それなりの自信を持っています。だからこそ、ニュースなどで高齢者による悲惨な事故を目にしても、それを「自分事」と考えることは滅多にありません。その多くは「他人事」であり、自分は絶対に「そんなバカげたことはしない」と考えています。

　では、それだけの自信のある人がなぜアクセルとブレーキの踏み間違いをするのでしょうか？

　こうしたミスが多いのは車を駐車場に止めるためにバックさせる時です。後ろを見るために身体をねじったりしているうちに足の置き場所がずれてしまい、踏む場所を間違えることがよくあります。結果、思い通りの操作ができなくなりある種のパニック状態になるというのです。

　あるいは、携帯電話や周りの人や車の動きに気を取られて踏み間違える人もいます。こうした心理状態も含めて「なぜ失敗したのか、どうしてそうなったのか」が分かることで、それを読む人は「自分の問題」として考えることができるようになるのです。

　失敗情報は「当事者に書いてもらう」か、「当事者に語ってもらってまとめる」といったことを通じて初めて、「役に立つ」失敗情報になるのです。

基本的行動
　失敗の「主観的情報」を大切にしよう。

失敗にみんなが真正面から向き合うメリットを知ろう

　組織の中で失敗が「隠れたり」「伝わらない」のは、「失敗＝悪、恥ずべきもの」という考え方に加え、失敗を報告することで怒られたり罰せられることが嫌だからです。

　心理学者のアルフレッド・アドラーがこう言っています。

　「（教室で問題を起こして罰せられた生徒は）状況は以前より絶望的である、と感じるだけである。人々は自分に敵対している、と感じる。むろん学校を嫌う。非難され罰せられることが予期される場所を好きな人が誰かいるだろうか」

　失敗をすると厳しく叱られ、失敗を報告すると非難される組織では、たしかに失敗の数は減るかもしれませんが、それは失敗そのものが減っているわけではなく、失敗の大半が隠され、報告されないからだけなのです。

　これでは失敗から学ぶことも活かすこともできません。国内外でホテルや高級旅館を手がける星野リゾートの代表・星野佳路さんは「リーダーとして成長するためには、ミスや失敗の経験が不可欠だ」と考えています。理由は「ミスをすると、自分や組織の問題点に気づくことができて、同じことを繰り返さないために仕事の精度が上がる」からです。

　そのために同社が月に一回開催しているのが「ミス撲滅委員会」です。ミスや失敗をした場合、「ミスした本人」か、「ミスに気付いた人」が「報告書」を作成します。

　そこには①ミスの内容（要約）　②ミスの内容（詳細）　③対応④原因を記入しますが、その際には守るべきいくつかのルールがあります。

１．ミスの内容や対応に関しては「余計な解釈」を交えることなく事実だけを記入する。

２．原因については、「なぜ」を五回繰り返して「本当の原因」を探って記入します。「うっかりしていました」などはミスの原因とは認められません。

３．報告を受けて「再発防止策」を考えますが、「以後、徹底します」や「今後、気をつけます」は認められません。こうした「人の注意力」に頼るのではなく、「誰が、何を、いつまでに、どうするか」を明確にしたうえで「仕組み」をつくってこそ再発は防ぐことができます。

４．報告を受ける側は「ミスをした本人を絶対に叱らない」「ミスを報告した人を褒める」の二点を厳守します。失敗の報告を受けると感情的になる上司がいますが、それでは誰も報告しなくなります。

　失敗やミスに真正面から向き合うようになって以来、一人ひとりの仕事の精度は上り、問題解決能力も上がったというのが星野さんの見方です。

基本的行動
　失敗に真正面から向き合うことで今後の成長につなげよう。

失敗を活かすも殺すも
トップ次第

　人間は必ず失敗をします。しかも失敗を繰り返す生き物です。そんな人間が働いている以上、組織も必ず失敗をするし、失敗を繰り返すことになりますが、大きな失敗をした時、「企業としてどう振舞うか」は一にも二にもトップ次第と言えます。

　「ビジネス史上最も優れた危機対応」として頻繁に紹介されているのが1982年に起きた「タイレノール事件」にあたってのジョンソン＆ジョンソンの対応です。

　同年、シカゴ警察はシアン化合物によって死亡した七人の市民が直前に鎮痛剤のタイレノールを服用していたと発表しました。この時点ではタイレノールにシアン化合物混入の疑いはあるものの、死亡原因かどうかは不明でした。

　製造元はジョンソン＆ジョンソンの子会社です。普通の企業なら子会社に対応を任せるか、死因の特定まで様子を見るところですが、同社トップのジェームズ・バークは直ちに経営者会議を招集し、記者会見で次のような発表を行いました。

①消費者に対して「タイレノールは飲まないように」という警告を発しました。

②混入の疑いのある製品はすべて回収すると発表しました。

　バークはその後もおびただしい数のメディアに出席すること
で、ジョンソン＆ジョンソンが会社や株主の利益よりも「消費者
の命を守る」ことを第一に考えていることを態度で示しました。

　タイレノールの生産は中止され、小売店から商品を回収すると
ともに、消費者向けのホットラインも開設、回収に応じた消費者
には引換券を発行、新しい薬と交換できるようにしました。そし
て六か月後には異物混入ができないようにカプセルや包装方法を
変更し、大規模な広告と売り出しキャンペーンを実施しました。

　かかった回収費用は１億ドルを超えたと言われていますが、そ
の後、タイレノールの売上は以前の90％にまで回復、バークは
「最も優れた経営者」として賞賛を浴びることとなったのです。

　同社がこれほどの対応ができた理由の一つとして挙げられてい
るのが「消費者の命を守る」ことを謳った「クレド」の存在があ
ります。日ごろからこのクレドが徹底されていたことで緊急時に
迷うことなく、会社ではなく消費者を優先した行動をとることが
できたと言われています。

　さらに同社は日ごろからメディアとの良好な関係を保ってお
り、今回のケースでもメディアを「不祥事を暴き攻撃する敵」で
はなく、「消費者の命を守るためのパートナー」とみなしたこと
でメディアも公正な報道に徹したとも分析されています。

　人も組織も必ず失敗はします。しかし、その時にどこまで正直
でいられるか、正しい対応をとることができるかはトップの姿勢
一つで決まるのです。

基本的行動
　失敗は潔く認めその後の信頼回復につながる行動を。

「何が一番で、何が二番か」を明確にしよう

　ジョンソン&ジョンソンが危機に際して見事な対応ができたのは、「消費者の命を守ることを第一に」という「クレド」が存在していたからだと言われていますが、このように「何が第一で何が第二か」がはっきりしていることは組織が失敗やミス、事故を防ぐうえでとても重要になります。

　ヤマト運輸の元社長で、「宅急便」を開発した小倉昌男さんは若い頃、子会社の静岡運輸に出向、総務部長を務めていた時に貴重な経験をしています。

　1950年代の半ば、静岡運輸では交通事故や荷物の積み下ろしの際のケガなど労災事故が多発していました。ある日、労働基準監督署から呼び出しを受けた小倉さんは労災事故を減らす参考になるからと地元の木工工場の見学を勧められました。

　小倉さんによると、そこはたいした設備があるわけでもなく、安全のために大きな投資をしているわけでもありませんでしたが、経営者の話を聞いた小倉さんは壁一杯に大きな文字で書かれた「安全第一、能率第二」に目を奪われたのです。

　経営者によると、同社も以前は労災事故がとても多かったと言います。何とかしなければと考えた結果、思いついたのが「能率

第5章　失敗を「みんなの財産」にしよう

を上げることだけを言っているうちは事故はなくならない」という
ものでした。当たり前のことですが人間の命ほど尊いものはあ
りません。その尊い命を守ることこそ「第一」であり、能率は
「第二」だというのが経営者の結論でした。

　以来、「安全第一、能率第二」という標語を掲げるようになり
ますが、それをきっかけに安全意識が高まり、労災事故は減少、
結果的に能率も上がることとなったのです。

　その話に感銘を受けた小倉さんは早速、会社に帰って「安全第
一、営業第二」のポスターを貼ることにしたのです。「安全第一」
はどんな工場にも貼ってあります。しかし、それは「よく見る光
景」に過ぎず、結局は「生産性を上げろ、コストを下げろ」と言
ううちに安全がどこから置き去りにされてしまうのです。

　それを防ぐためには「何が第一で、何が第二か」を明確に指示
しなければならないというのが小倉さんの考え方であり、以後、
宅急便の開発などにあたっても「サービス第一」を掲げ、売上や
利益などは「第二」と言い続けたといいます。

　鉄道会社などの事故が起きる原因の一つは「定時運行」の優先
にあると言います。そのため「安全」を意識しながらも、時に信
号を見落として列車を前に進めてしまうというのが畑村さんの分
析です。ここでも大切なのは「何が第一か」であり、それを徹底
し、そこに投資してこそ安全が守られることになるのです。

　組織が失敗を防ぎ、失敗を活かすためには、「何が第一で、何
が第二か」を明確にしておくことが大切なのです。

基本的行動
　失敗を防ぐために「何が第一で、何が第二か」を明確にしよう。

197

089 情報は飼い殺しにしない

失敗情報は使われてこそ
意味がある

　失敗から学び失敗を活かすためには、失敗情報を記録し、誰でもが活用できるようにすることが大切になります。

　ある経営者は管理職時代、新しい部署を担当することになった時は会社の資料室に行き、時間をかけて過去の仕事の資料を読み込むことから始めたと言います。

　人によっては、そんなことにムダな時間を使うよりも誰かに聞いた方が良いのではと思うかもしれませんが、会社における仕事のほとんどは過去に誰かがやったものです。

　だとすれば過去の資料を詳細に読み込むことで、仕事の進め方や、注意すべき点を知り、どうすれば効率よく、失敗なく仕事ができるかを掴んでからの方が良いというのがその経営者の考え方でした。

　同様に「失敗の記録」が会社にあるとすれば、それを事前に読むことで失敗の確率は確実に低くなるはずですが、企業の中にはせっかく失敗の記録をデータベース化したにも関わらず、「これを使う人がほとんどいないんですよ」と嘆くケースもあるようです。

　これではせっかくの情報が飼い殺しになってしまいます。

198

　畑村さんによると、そんな悩みを抱える企業の原因の一つは「情報量があまりに多すぎる」点にあるようです。失敗の記録のデータベース化について畑村さんはこう言っています。

　「失敗情報をこうしたデータベース化する時に必要な点は、あらかじめ検索や引き出しがしやすいシステムを構築し、失敗情報を蓄積しておくことです」

　ポイントはこうです。

1．知りたい人に

2．知りたい時

3．知りたい中身を

4．欲しい形で提供する

　人は目の前に膨大な資料があったとしても、自分が必要とする情報がすぐに取り出せて、すぐに読むことができなければ使おうとはしないものです。

　企画書などでももし何万字も書かれていたら読もうという意欲は湧きませんが、Ａ３一枚に要領よくまとめてあれば、「読んでみよう」という気になるし、判断も早くなります。

　同様に失敗情報も膨大な情報をグループ化することで「300」くらいに絞り込むのが理想だというのが畑村さんの考え方です。300は、一人の人間が知識として吸収できる限界であり、300くらいの失敗情報を「知りたい中身を、欲しい形」で提供することが失敗を活かすうえでは最も効果的と言えます。情報は飼い殺しにしないことが大切なのです。

基本的行動
　失敗情報は「知りたい中身を、欲しい形」で提供しよう。

失敗を未然に防ぐ
人間関係づくりを

　これまで何度か触れたように人間は失敗をするものですし、何度も失敗をするものです。だからこそ、「失敗学」においては「人間は失敗をするもの」ということを前提に失敗を防ぐ対策を立てることが求められています。

　しかし、どれだけ対策を立てたとしても、人間は毎日、同じ状態で仕事ができるわけではありません。体調が悪ければ、思うような仕事はできませんし、長時間残業が続いた結果として「うつ」に近い状態になることもあります。

　あるいは、家族のことが心配だとか、借金など経済的問題を抱えているために普段は簡単にできたはずのことが、心ここにあらずになって思いがけない失敗をすることもあります。

　こうした部下の個人的な問題に関して、トヨタの上司が言われているのが「部下と個人として接する」ことと、「問題に飛び込んでいく」ことです。

　事故や災害などに予兆があるように、個人に関わる問題というのも突然、発生するわけではありません。そこに何らかの兆候はあり、問題が起きたあとでも、対処の仕方によってはうまくおさめることも可能です。

ポイントは四つあります。

１．問題を「予知」する

過去の経験や客観的な状況から、放っておけば必ず問題が起きる場合、予知し、先回りして手を打ちます。

２．問題を「感知」する

常に部下の様子に気を配っていれば、仕事ぶりや態度の変化に気づくことができます。「最近、元気がなくなったね」や、「最近、急に怒りっぽくなった」といった「いつもと違う」を感知した場合、問題が起きないように注意を払います。

３．問題が「向かってくる」

本人が不満を上司にぶつけるとか、退職の意志を示す、あるいは第三者が部下に関する問題を持ち込んできた場合、様子を見るのではなく早めに対処します。

４．問題に「飛び込む」

問題が放っておけない状態になった時は躊躇なくその解決に当たるようにします。

なかには「ここまで関わるのは無理だ」という企業もあるでしょうが、大切なのは組織として「上司に相談しやすい、ものを言いやすい」環境をつくるように努め、「上司は人間としての部下に関心を持つ」ことです。人間は失敗をするものですが、そこに上司や組織に対する信頼があれば、失敗を隠すこともなくなりますし、失敗を未然に防ぐこともできるようになるのです。

基本的行動

「上司に相談しやすい、ものを言いやすい」環境づくりを。

失敗を隠すことによる
「損失の大きさ」を知ろう

　個人でも組織でも、失敗をした時に隠そうとするのは、失敗を
して叱られたり非難されること、また責任を追及されることを恐
れるからです。

　そのため小さな失敗であれば、「自分の手で何とか処理しよう」
と努めますし、幸いにしてその失敗が表に出ていないうちは「こ
のまま隠してしまえ」と考えてしまいます。

　この時に描いているのは「失敗によるマイナス」よりも「隠す
ことのプラス」の方がはるかに大きいという考え方です。それは
企業も同様で、失敗が表に出て、マスコミなどで報じられない限
りはなかなか失敗したことを認めようとはしません。

　失敗したことを認めて謝罪するどころか、社内では「失敗の責
任」や「失敗の原因」を追究するのではなく、「誰が表に出した
んだ」という「犯人捜し」と「失敗を表に出した責任」を追及す
る始末です。

　こうしたことが平然と行われるのは「失敗を隠した時の損失」
を軽んじているからではないでしょうか。

　昭和30年代半ば、松下電器（現・パナソニック）の炊飯器に不
良品が続出したことがあります。しかもすぐに解決できず、一年

以上も不良品が続き、消費者に多大の迷惑かけました。その際、創業者の松下幸之助さんはこう厳しく断じました。

「金額の損害は、これは取り返すことができるかもしれないけれど、それによって失った信用というものは、なかなか容易に取り返すことができない」

企業のつくる製品が一流の評価を受けるには長い時間がかかります。しかし、製品不良などの問題が起こり、その対応が後手後手に回るといった失敗が続くと、企業への評価も製品への評価も著しく低下します。

一旦、「二流」の評価が度重なると、一流品を出しても二流の価格にしかならないことをよく知る松下さんにとって、一流であり続けるためには、仕事の中身も失敗への対応も常に一流を心がけることが何より大切だったのです。

2000年代に入り、同社は石油暖房機の一酸化炭素中毒トラブルによる死亡事故を引き起こしています。初動こそ後手に回りましたが、その後は年末商戦のかきいれ時にも商品広告をストップして、当該暖房機の回収の告知を徹底して流し続けています。

こうした姿勢が好感され、その後、同社の業績は回復に向かいますが、もし間違った対応を取っていたら同社への信頼は地に落ち、経営的にも大きな損失を受けたはずです。

失敗を隠すこと、失敗への対応を先送りすることは一時的にはメリットがあるようでも、信用と経営の両面であまりに大きな損失を与えることになると知ることがとても大切なことなのです。

基本的行動
失敗を隠すメリットなど「ない」と思って行動しよう。

失敗は「組織を変えていく」チャンスである

　大きな不祥事が起きた時など、企業の責任者が責任を一部の人や部署に押し付け、「組織ぐるみではない」ことを強調することがあります。

　事実はそうなのかもしれませんが、一部の人間や一部の組織に責任を押し付け、自分たちは無関係であるかのように振舞うことは世間の人から見ると違和感を覚えますし、その企業で働いている人にとっては「私たちはトカゲの尻尾か」という反発を覚えることもあるようです。

　本書でも触れましたが、不祥事のような大きな失敗を引き起こした時には、直接の原因は一部の人間の行き過ぎた行動や、明らかな間違いにあったとしても、そうした失敗を誘発する組織としての問題点はなかったのかという視点でも見ていくことが必要になります。

　生産現場などでも事故の直接の原因はたった一人の操作ミスだったとしても、たとえばその社員が長時間労働によって極端に疲れ集中力を失っていたというケースもあるかもしれませんし、そもそもその作業をやるためのしっかりとした訓練が欠けていたかもしれません。

　あるいは、操作ミスの可能性が前々から指摘されていたにも関わらず、上司がその忠告を聞かず、上にも報告していなかった場合はどうでしょうか。

　さらに不祥事は「今だけ」のことではなく、何年も前からあたかも「伝統芸」であるかのように受け継がれてきたとしたら、その責任を一部の人間や一部の部署に押しつけてしまえば、その会社で働いている社員は自分たちを「トカゲの尻尾切り」のように感じますし、そうした社員が会社に対して愛社精神や忠誠心を持つことはあり得ません。

　そのためにも大きな不祥事が起きた時には、企業のトップはたとえそれが一部の人間や組織の問題であったとしても、「企業全体」の問題として捉え、企業体質や企業のあり方などを見つめ直すきっかけにすることが大切になります。

　失敗に対して「非難」をし、「懲罰」を加える組織では、失敗の報告は減ったとしても失敗そのものが減ることはありません。反対に失敗の「原因」を追究してきちんと「対策」をする組織では、小さな失敗も報告され、対策も打たれるので、失敗の報告は一時的には増えますが、失敗の数は着実に減っていくことになります。

　トヨタの生産現場では異常は「改善のチャンス」と捉えますが、企業においても失敗は「組織改善のチャンス」と捉えることが望まれます。こうした組織では社員は会社を信頼し、失敗から学び活かすことができるようになるのです。

基本的行動
　失敗を契機に「組織のあり方」を見直してみよう。

小さな失敗に対処しているからこそ大きな失敗に対処できる

　トヨタ式の基本が「異常があればラインを止める」にあるというのは既に触れたとおりです。特徴は異常の大小に関わらず、

①異常が起きたらラインを止める

②「なぜ異常が起きたのか」という真因を調べる

③二度と同じ異常が起きないように改善を行なう

というサイクルを回すところにあります。

　たいていの企業では「小さな異常」でここまでやることはありません。そんなことに時間を割くよりも「これくらいは大丈夫だ」と確認できたなら、そのままラインを動かす方が効率が良いからです。

　では、なぜトヨタ式では「小さな異常」でもこんな面倒なことをするのでしょうか？

　理由は日ごろから小さな異常にしっかりと対応しているからこそ、大きな異常にあたってもうろたえることなく決められたことを当たり前のようにできるからです。

　日本ではこの30年の間に阪神淡路大震災や東日本大震災といった大きな地震が起きています。ほかにも豪雨による被害なども頻発していますが、そのような時、トヨタはグループ企業や協

力会社の被害からの復旧が早いことで知られています。その理由を元社長の豊田英二氏がこう話していました。

「台風や自動車事故で、ものが止まることは起こり得ることだ。そういう時にどんな手を打つか。それはしょっちゅう、やっている。だから、（異常が起きて）止める時も、すぐ止められる。どう対応するかという練習を毎日やっているんだから。ものづくりに現実に取り組んでいらっしゃらない人には、なかなか分かりにくいようですな」

小さな異常の時にも決して手を抜くことなく、「いつも通りのサイクル」を回しているからこそ大きな異常の時にも決して慌てることなくやるべきことができる、ということです。

「失敗」についても同じことが言えます。

たとえば、部下の「小さな失敗」について「バカヤロー、何をやっているんだ」と叱り、「二度とないように気合いを入れ直せ」といった精神論ですませている上司が、「大きな失敗」について正しい対処ができるとは思えません。

「小さな失敗」の時から「なぜ失敗したのか」という原因を調べ、同じ失敗をしないための対策を立てるということを習慣化します。そんな習慣があって初めて「大きな失敗」にも「慌てず、隠さず」正しい対応が可能になるのです。

「小事は大事」ではありませんが、日ごろから「小さな失敗」も「大きな失敗」と同じように丁寧な対応を心がけます。それが「大きな失敗」を防ぎ、また大事にしないための秘訣なのです。

基本的行動

小さな失敗を軽んじることなく原因追及と再発防止策を。

成功の先にある「失敗」を
いかに防ぐか

　「失敗は成功のもと（母）」はあまりに有名な諺ですが、トヨタ自動車元会長の磯村厳さんが言っていたのは「成功は失敗の母、失敗は成功の父」という一風変わった言い方です。

　失敗から学び、失敗を活かすというのは「失敗学」の基本であり、そのプロセスこそが成功をもたらすことになるというのはよく知られていますが、なぜ「成功は失敗の母」なのでしょうか？

　1997年にクレイトン・クリステンセンが提唱した「イノベーションのジレンマ」という有名な理論があります。

　ある商品やサービスで大成功をおさめた企業が、自社の商品やサービスの進歩に注力するあまり、顧客が抱く別のニーズを見落としたり、軽んじてしまい、そこに別の技術革新によって登場した新興企業によって敗北を喫するという意味です。

　古くはフィルムカメラで大成功したコダックが社内でデジタルカメラの技術を持っていたにも関わらず、それを活かすことをせず倒産に追い込まれたケースが有名ですが、ほかにもアマゾンの登場によって書店が苦境に追い込まれたり、アップルのiPodの登場でCDなどが過去の遺物に追いやられるなど、その例は枚挙にいとまがありません。

　それはトヨタも同様であり、ガソリン車で成功をおさめ、ハイブリッドカー「プリウス」によって環境対応車の一番手だったはずが、外からやってきたイーロン・マスクのテスラがつくる電気自動車によって「電動化」を初めとするCASE革命に巻き込まれ、勝ち残るために懸命の努力をしています。

　こう見てくるとたしかに「成功」、それも「大きすぎる成功」は「失敗」を招き寄せる怖さを持っています。大きな成功をおさめた企業が失敗を避けるためには、「自分で自分を食う勇気」が欠かせません。

　任天堂の元社長の岩田聡さんは社長に就任後、それまで任天堂やゲーム業界に成功をもたらしたやり方の延長線上には「未来はない」と断じて、「ゲーム人口の拡大」に向けて一大改革を成し遂げたことで知られています。岩田さんはこう問いかけました。

　「ゆっくり縮小していく道を選ぶ？　それとも、もっとたくさんの人が、未来に僕らのつくったもので喜んでくれるようになる道を選ぶ？」

　大成功した集団には、自分たちが変わることへの恐怖があるものですが、その恐怖に打ち勝って変わらない限り、その先にあるのは「大きな失敗」なのです。

　成功の先にある失敗を引き寄せないために必要なのは「今のやり方は正しいのか？」と問いかけ、「変化を日常にしていく」ことです。「変わり続けること」は「失敗」を防ぐ手段でもあるのです。

基本的行動

　成功に酔うことなく、変わり続けよう。

失敗博物館をつくろう

　失敗を社会に文化として根付かせるための活動拠点として畑村さんが提唱されているものの一つに「失敗博物館」があります。大きく分けて六つの役割があります。

1．失敗情報の収集

　広く収集した失敗情報をデータベース化することで、誰もが失敗から学ぶことができます。

2．失敗情報の発信

　失敗情報をインターネットなどを使って発信します。

3．失敗情報の伝達

　失敗した結果の展示や、失敗に関する講義などを行います。

4．失敗の実体験

　大きな地震の揺れをシミュレーション体験することで地震の怖さを経験できるように、失敗をシミュレーション体験することで失敗の痛さや怖さを知ることができます。

5．失敗コンサルティング

　失敗のコンサルティングと専門家の養成を行います。

6．失敗学の研究機関

　失敗はさまざまな分野と密接に関わるだけに、それぞれの専門

家が集まって失敗についての研究を行います。

　失敗博物館をつくることで、日本人の失敗に対するマイナスの固定観念を変えたいというのが畑村さんの考え方です。

　畑村さんの言う失敗博物館とは少し異なりますが、2017年にスウェーデンに誕生したのが、企業がせっかくつくったにも関わらず失敗に終わった製品を集めた失敗博物館です。

　そこにはスティーブ・ジョブズが葬り去ったアップルの「ニュートン」や、ソニーのカセット式ビデオテープレコーダー「ベータマックス」、ネットフリックに敗れ去ったアメリカのビデオレンタルチェーン「ブロックバスター」などさまざまな製品やサービスが展示されています。

　なぜこのような博物館をつくったかというと、館長のサミュエル・ウェストによると「成功のみを崇拝し、失敗から学ぼうという精神を失いつつある現代社会への警鐘」だと言います。優れたイノベーションの背後には山ほどの失敗があるにも関わらず、「成功崇拝文化」にとらわれると、失敗は「恥ずかしいもの」となり、失敗は隠され忘れ去られてしまうからです。

　しかし、そこから新しい何かが生まれることはありません。失敗から学ぶためにも失敗博物館を見てほしいというのが設立の狙いです。失敗は隠すのではなく、「見て学んで」こそ価値あるものとなるのです。

　社内に「失敗博物館」をつくってみてはいかがでしょうか。

基本的行動
　失敗を「隠し忘れる」のではなく見て学ぼう。

失敗に対する考え方が 職場の雰囲気を変えていく

　一時期、「不機嫌な職場」という言い方がされたことがあります。上司も部下も仕事に追われて忙しく動き回る割には成果も上がらず、みんながイライラとした状態で仕事をするそんな職場を指しての表現でした。

　緊急事態宣言下でテレワークでの働き方が増えた時、コミュニケーション不足などのデメリットを指摘する声の一方で、「嫌な人間関係から解放された」ことを喜ぶ人もいて、たしかに多くの時間をみんなが同じオフィスで過ごす職場では、人間関係や雰囲気の良し悪しは一人ひとりの働き方に大きく影響することをあらためて実感しました。

　一体こうした雰囲気の悪い職場にはどのような原因や特徴があるのでしょうか？

　ある調査によると、雰囲気の悪い職場には以下の四つの特徴があると言います。

①失敗を許さない雰囲気がある

②優秀な社員が次々に退職していく

③無茶なノルマが設定されている

④パワハラなどが横行している

　たしかにこれでは職場の雰囲気も悪くなるし、上司も部下もイライラして仕事をするため成果は上がらず、さらに長時間残業まで強いられることになりそうです。

　上記の四つのうち本書のテーマでもある「失敗」に対する考え方の差は成果だけでなく、人の成長とも大きく関係することになります。

　本書で何度も触れたように、本来失敗やミスは誰にでもあることです。もちろん仕事を甘く見たり、準備不足による失敗は許されないことですが、それでも「絶対に失敗を許さないぞ」となると、働く人たちはごく普通の仕事でさえ極度の緊張を強いられることになりますし、自由に発言したり、新しいことへの挑戦などできなくなってしまいます。

　これでは職場の雰囲気がギスギスしてくるのは当たり前のことですし、失敗が許されないことで学びや気づき、挑戦のない働き方を強いられる社員は働きがいも感じられなくなり、上司に言われたことだけをやる社員になるか、あるいは退社を選択することになりかねません。

　大リーグでも活躍した野茂英雄さんが一流の野球選手になるためには「失敗する場所が必要だ」と話していましたが、特に若い社員に対しては失敗を許容し、失敗から学ぶ機会を与えることが欠かせません。会社としてある程度の失敗を許すか、許さないかは成果だけでなく、人が育つかどうかとも深く関わってくるテーマなのです。

基本的行動
　若い社員には「失敗する機会」を与えよう。

挑戦する者の
背中を押す言葉を

　失敗を恐れない風土をつくるためには、挑戦する人間の覚悟以上に、その挑戦を上司が後押しする姿勢が欠かせません。

　本書でも触れましたが、たとえトップが「失敗を恐れずに挑戦しろ」と景気のいい掛け声をかけたとしても、いざ失敗すると上司が「だから、余計なことをするなと言ったんだ」「この責任をどうとるつもりだ」などという非難の言葉をかけるようだと、その後は誰も挑戦などしようとはしなくなるものです。

　トヨタには「問題を改善のチャンス」と考える風土がありますが、そうなる過程では上司が様々な形で部下の挑戦を後押ししています。

　ある時、上司から「あの工程に問題があるから改善をしろ」と指示された若いトヨタ社員のNさんは「どのように改善するか」という改善案は考えたものの、なかなか取りかかろうとしませんでした。上司が理由を聞くと、Nさんは「失敗したらみなさんに迷惑をかけるんじゃないかと心配で」と答えました。

　上司はNさんにこう言いました。

　「お前が何かやったところでこれ以上悪くなることはないから思い切ってやってみろ」

　改善をしたからといっていつもうまくいくとは限りません。では、問題のある工程をそのまま放っておいていいかというと、それでは働いている人たちに迷惑をかけることになります。たとえ改善して問題があったとしても、それは「工程をより良いものにする」ための取り組みであり、失敗したらまた改善して良いものにすればいいというのがトヨタの考え方でした。

　トヨタが初代「クラウン」を開発するにあたって主査（現在のチーフエンジニア）に任命された中村健也さんは、のちに「大主査」と称されるほどの存在になりますが、もちろん最初から大主査であったわけではありません。

　中村さんの設計経験や車体工場で発揮する指導力に注目した同い年の豊田英二さん（当時、常務。のち社長）は中村さんを主査に任命しますが、開発主査はいくつもの部署に所属する人たちを一つのプロジェクトのために動かす必要があります。

　「本当にみんなは動いてくれるのだろうか」「失敗したらどうしようか」と不安だらけの中村さんに豊田さんはこう声をかけました。

　「健也、ビクビクするな。お前らしくない。仮に問題が起きればわしが乗り出す」

　豊田さんの新車開発にかける本気と覚悟が不安だらけだった中村さんの背中を押すことになったのです。

　新しいことには失敗がつきものです。だからこそ、上司には本気で部下の背中を押すことが求められているのです。

基本的行動
　「失敗を恐れるな」を上司は言葉と態度で示そう。

「学習する組織」になろう

『失敗の本質』（中公文庫）という長く読み継がれている名著があります。

大東亜戦争（同書では戦場が太平洋地域にのみ限定されていなかったという意味で、この呼称を使用しています）において日本軍は惨憺たる敗北を喫していますが、同書はなぜそれほどの敗北を喫したのかについてノモンハン、ミッドウェー、ガダルカナル、インパール、レイテ、沖縄という六つの失敗例を取り上げています。

戦争における失敗は戦場における戦略や戦術の失敗と捉えられることも多いのですが、同書は六つの失敗を通して日本軍の組織的な問題を分析することで、今日の企業などの組織一般に通用する教訓などを導き出していることから、多くの企業経営者や管理職が参考にした本として知られています。

ここでは詳しい解説はしませんが、最も印象に残っているものの一つは「大東亜戦争中一貫して日本軍は学習を怠った組織であった」という指摘です。

たとえば、ノモンハンで日本軍はソ連軍に敗北を喫していますが、この時、本来は近代陸戦とはどういうものかを学習して陸軍

の装備の強化に努めるところを、兵員の増加と精神力の優位性を強調したことがその後の苦戦につながっています。

　一方、日本軍の真珠湾攻撃などで大きな被害を被った米軍は敗退を機に、失敗した戦法、戦術、戦略を分析し、その改善策を探求しただけでなく、組織の他の部分へも伝播するなど敗北から多くのことを学習して、航空母艦と航空機の生産に全力を集中したことがその後の勝利へとつながっています。

　こうした日本軍の学習の軽視がその後の苦戦、そして敗北につながったというのが同書の分析です。

　もちろん敗因はそれだけではないわけですが、かつてハーバード・ビジネス・スクールがトヨタを「継続して学習する組織」と評したように、企業に限らず組織というのは常に学習し、学習したことを実行に移し続けてこそ成長し続けることができるのはたしかです。

　トヨタからトヨタ式をベースとしたリーンシステムなどを学習したGEの元社長ジャック・ウェルチがこう話しています。

　「競争に勝つための究極の武器は、学習する能力と、学習したことを取り入れて素早く行動に移す能力だ」

　「学習する」という意味では、失敗は最高の教材と言えます。人間はさまざまな失敗をするわけですが、その原因を調べ、一つひとつ対策をすることで失敗は防ぐことができるし、成功のヒントともなります。失敗を非難するのではなく、失敗から学ぶことのできる組織こそが成功を手にできるのです。

基本的行動
　失敗から学ぶためにも学習する組織となろう。

失敗にくじけない人になろう

　失敗から学び、失敗を活かすためには上司の力も組織風土も重要になりますが、同時に失敗した本人が失敗にめげることなく、そこから何かを学び取ろうという姿勢も欠くことはできません。

　とはいえ、目の前に「失敗した」という事実がある時、人はどうしても落ち込むし、「どうしてこんなことをしてしまったのだろう」と後悔もします。

　そしてその気持ちがあまりに強すぎると、周りがどれほど励ましても、「その先の一歩」を踏み出すことができなくなってしまいます。

　一体、嫌というほどの失敗を乗り越えて成功する人というのはどのようなメンタルの持ち主なのでしょうか。

　日本人宇宙飛行士などを国際宇宙ステーションに運ぶうえで欠くことのできない存在となっているロケット開発のスペースＸは、初めてロケット打ち上げに成功するまでに三度もの失敗を続け、倒産寸前にまで追い込まれたことがありますが、その都度、創業者のイーロン・マスクはこう言って社員を奮い立たせています。

　「問題があったのは事実だが、原因をきちんと究明すれば乗り

越えられる。私たちは技術の会社だ。立ち止まる必要はない。前に進もう」

　イノベーションや挑戦にはいつだって失敗がつきものです。失敗を恐れて挑戦をやめるか、それとも失敗を乗り越えて前に進むかで、企業のありようは大きく変わってきます。

　マスクは何度失敗しても「これまでもロケットを打ち上げる企業や組織が何度も痛い目にあった末に成功にたどり着いた事実を忘れてはならない」とみんなを励まし続けています。

　イノベーターと呼ばれる人たちに共通する資質の一つは「無類の実験好き」であることですが、それは同時に成功に「失敗はつきもの」であることを知っているということです。

　そんなイノベーターたちが今も尊敬するトーマス・エジソンの口癖は「この俺は狙った結果が出るまでは絶対に諦めない」というものでした。

　エジソンによると、自分と失敗者の違いはほとんどの失敗者が何度かの失敗で諦めるのに対し、エジソンにとっての失敗は「正しい道を教えてくれる指針」に過ぎませんでした。

　失敗は辛く嫌なものですが、その失敗から学び続け、決して諦めなければ必ず成功へとたどり着くことができるのです。

　成果を上げるためにも一度や二度の失敗でくじけるわけにはいかないのです。

基本的行動
　失敗にくじけることなく前に進み続けよう。

失敗の「価値」を
あらためて確認しよう

　ここまで「失敗とは何か」という定義に始まり、「失敗の性質」や「失敗の学び方」「失敗の活かし方」などについてまとめてきましたが、本書の最後にあたり、あらためて「失敗の価値」を再度確認しておきましょう。

１．失敗は「資産」であり「宝の山」である

　失敗は「悪」であるとみなしてしまうと、失敗は「隠したい」ものであり、「忘れたい」ものとなりますが、それでは失敗から何も学ぶことはできません。

　たしかに失敗した人にとって失敗は嫌なものであり、恥ずかしいものかもしれませんが、「なぜ失敗したのか」という原因を究明して、「同じような失敗をしないためにはどうすればいいのか」という対策をしっかり立てることができれば、失敗した人は二度と同じ失敗をしないだけでなく、その分、仕事の質も向上することになります。

　さらにそこで得た失敗情報を一個人だけのものにせず、みんなで共有することができれば、それはみんなの財産となるのです。トヨタ式が生産現場などで起きる異常を「改善のチャンス」と考

えるのは、改善によって異常を一つ解決すれば、それだけ工程が改善され、品質やコストなども改善されるからです。

　つまり、失敗は「悪」などではなく、個人の、そして組織の仕事の質を高め、その後の失敗を未然に防いでくれる大切な「資産」なのです。失敗をした時には恥ずかしいかもしれませんが、失敗を活かすことで自分は成長できると前向きに考えましょう。あえて失敗する必要はありませんが、失敗に対してこれまでよりは前向きな気持ちでいられるはずです。

２．失敗は「新たな創造行為の一歩」である

　これからの時代、新しいものを生み出していかない限り企業としての成長は望めません。しかし、新しいものを生み出すのは決して簡単ではなく、「考え、挑戦し、失敗し、また挑戦する」というサイクルを猛スピードで回していくことでしか新たなものを生み出すことはできません。

　言わば、失敗は「新たな創造行為の一歩」であり、失敗なくして創造もあり得ないのです。まずは「アイデアがあればやってみる（つくってみる）」を習慣にすることです。結果として失敗したとしても、踏み出す方向さえ間違っていなければ、原因を調べて改善することを繰り返すことで必ず目指す場所にたどり着くことができるはずです。

　「失敗には価値がある」

　そう考えることがすべての出発点なのです。

基本的行動
　失敗には仕事の質を高め、創造を生む力があると信じよう。

おわりに

　本書の執筆と出版には日本能率協会マネジメントセンターの黒川剛氏にご尽力いただきました。心より感謝申し上げます。

　失敗を成功の種に変え、みんなの財産にする100の法則を取り上げてきました。
　本書を読まれた皆さんが、失敗は「最高の教科書」という気持ちを強く持たれ、リスクを恐れず、またその場しのぎの対処だけに逃げることなく、「失敗する勇気」を持って堂々と立ち向かっていただけることを願います。
　まさに「失敗なくして成長なし」です。

　最後に、本書の執筆にあたっては、次の書籍・雑誌を参考にさせていただきました。いずれも大変な労作であり、学ぶところも多かったことに感謝いたします。

『失敗学のすすめ』畑村洋太郎著（講談社文庫）
『失敗学の法則』畑村洋太郎著（文芸春秋）
『なぜかミスをしない人の思考法』中尾正之著（三笠書房）
『トヨタの失敗学』株式会社OJTソリューションズ著（KADOKAWA）
『失敗の科学』マシュー・サイド著、有枝春訳（ディスカヴァー・トゥエンティワン）
『失敗の本質　日本軍の組織論的研究』戸部良一・鎌田伸一・村井友秀・寺本義也・杉之尾孝生・野中郁次郎著（中公文庫）

『トヨタ式「改善」の進め方』若松義人著（PHPビジネス新書）

『岩田さん　岩田聡はこんなことを話していた』ほぼ日刊イトイ新聞編（ほぼ日ブックス）

『部下を育ててはいけない』田端信太郎著（SB新書）

『トヨタ式5W1H思考』桑原晃弥著（KADOKAWA）

『運を逃さない力』桑原晃弥著（すばる舎）

「日経ビジネス　アソシエ　ミスが99%なくなる仕事術」2017.3（日経BP社）

桑原晃弥（くわばら てるや）

1956年広島県生まれ。経済・経営ジャーナリスト。慶應義塾大学卒。
業界紙記者を経てフリージャーナリストとして独立。トヨタから
アップル、グーグルまで、業界を問わず幅広い取材経験を持ち、企
業風土や働き方、人材育成から投資まで、鋭い論旨を展開すること
で定評がある。主な著書に『ウォーレン・バフェット 巨富を生み出
す7つの法則』（朝日新聞出版）、『スティーブ・ジョブズ名語録』
（PHP文庫）、『トヨタのPDCA＋F』（大和出版）、『トヨタだけが
知っている早く帰れる働き方』（文響社）、日本能率協会マネジメン
トセンター（JMAM）でも『トヨタ式 考える力』『グーグルに学ぶ
最強のチーム力』『仕事の効率を上げミスを防ぐ整理・整頓100の法
則』『ほめ方・叱り方100の法則』『すぐやる人になる仕事術100の法
則』など多数。

失敗の活かし方 100 の法則

2021 年 6 月 30 日　初版第 1 刷発行

著　者──桑原晃弥　ⓒ 2021 Teruya Kuwabara
発行者──張 士洛
発行所──日本能率協会マネジメントセンター
〒 103-6009 東京都中央区日本橋 2-7-1　東京日本橋タワー

TEL 03(6362)4339(編集)／ 03(6362)4558(販売)
FAX 03(3272)8128(編集)／ 03(3272)8127(販売)
http://www.jmam.co.jp/

装　丁──冨澤 崇（EBranch）
本文 DTP──株式会社森の印刷屋
印刷所──広研印刷株式会社
製本所──株式会社三森製本所

ISBN 978-4-8207-2925-9　C2034
落丁・乱丁はおとりかえします。
PRINTED IN JAPAN